Treasures for Scholars Worldwide

契嵩集

3

桂學文庫·廣西歷代文獻集成

潘琦 主編

廣西師范大學出版社
GUANGXI NORMAL UNIVERSITY PRESS
·桂林·

傳法正宗記

傳法正宗記卷第一　約　此号十三卷

藤州東山沙門釋契嵩編修

始祖釋迦如來表

天地更始而閻浮洲方有王者興曰大人大人者沒後王因之繼作而不已古今殆不可勝數然其聖神而有異德者謂之轉輪王德

不至者謂之粟散王既德有大小而其所治亦從之降殺自四天下減之至于三二至于一天下至于列國其所謂王者雖更萬億之世而釋氏一姓相襲不絶益後世有王者曰大善生大善生出懿師摩懿師摩出憂羅陀憂羅陀出瞿羅瞿羅出尼浮羅尼浮羅出師

子頰師子頰出淨飯（亦曰淨飯）然此七世皆王獨懿摩師淨飯號爲聖王如來即出於淨飯聖王者也生於中天竺國釋迦其姓也牟尼尊稱也始如來以往世會然燈佛於蓮華大城因布髮席其所履以至敬然燈遂受之記曰汝後成佛如我其號釋迦牟尼後之更劫無

數聖人皆積修勝德逮迦葉佛世迺以菩薩成道上生於覩史陀天應其補處號護明大士說法天上以度天衆及其應運適至迺會天人議所下生衆未有所定大士乃自以迦毗羅國處閻浮提之中白淨飯王者其家世世帝王聖德之至真轉輪族宜因之以生於

是示天哀相將欲下化然天衆皆泣願更留
之大士乃爲説往生成佛之意以釋其攀緣
大士即揖天壽示衆白象從日中降神于其
母右脇淨飯之后摩耶氏是夕遽白王曰令
我絜身請奉入關齋法王從之尋夢大士以
所乘入其右脇而止諸天慕爲其屬同時生

於人間者無限其始在孕則母體大寧自得禪樂及其將生摩耶乃意往園苑如宮監者即嚴寶輦王復廣詔侍衛以從之至園之無憂樹下其花方妍后欲取之舉手而聖子乃自其右脅而誕神龍即澍水以澡之地發金蓮以承之聖子乃四方各蹈七步以手上下

指之曰四維上下唯我最尊如內謁者以喜入奏王聞以其無數貴屬偕至視之乃不勝大慶是時也天神地祇皆見而祝之曰願大士速成正覺王尋持之與謁天廟天像起爲之致禮還宮大集賢者爲其名之衆乃上號曰薩婆悉達及募相者而仙人阿私陀應召

方見聖子遽禮其足而泣曰此三界之至尊也年至十九當爲轉輪王不爾則出家成佛度人無量恨吾老矣不能見之王以仙人之言憂之益謹寶守稍長當命師傳教以世書聖子乃以其法問之而師皆不能對至於世所有藝天文地理射御百工之事皆不待教

而能之未幾立爲太子而付之國實然聖人
已大絜清雖示同世娶而非有凡意以夙業
緣乃指其妃之腹云却後六年汝當生男一
旦命駕欲遊雖更出四門而皆有所遇終以
其老病死與沙門者感之而出家之意愈篤
既還乃以其志達白父王王以國無聖嗣乃

執太子手泣之欲阻其心會淨居天人自天
而至禮太子足曰大士風務勝德出家今其
時矣請宜往之太子曰如汝之言然宿衛甚
嚴欲何以往天人乃以神道厭其守者皆昏
睡不能覺太子遂寤命御者車匿車匿控神
驥犍陟來前然而馬悲御泣太子慰之明相

遂發光燭大千太子曰過去諸佛出家亦然於是諸天爲捧馬之足并接車匿自其城之北門超然陵虛而去太子復曰不斷八苦不轉法輪不成無上菩提終不還也天之衆稱善爲其誌之及至其山號旃特者初小息林間遂釋衣冠自以所佩寶劒斷其鬚髮誓曰

願共一切斷此煩惱即以鬚授之天帝當是淨居天化人以麤布（別本或云鹿布）僧伽梨請易太子寶衣因得法服服之益進其山之嘉處曰彌樓寶山居其阿藍伽藍其舊隱仙人見太子皆致敬讓坐與其論法及遣還車匿父生思甚必欲歸之雖諫者不聽卒詔迎之其臣

屬來請者萬計雖諭勸懇至而確然益不迴其意乃留憍陳如等五人以充侍衛於此聖人乃習不用處定三年既而以其法非至捨之復進鬱頭藍處習非非想定三年即調伏阿羅邏迦蘭一仙人處也復以其法不至進象頭山雜外道輩爲之苦行日食麻麥居六載而外道亦化

聖人乃自思之曰今此苦行非正解脱吾當
受食而後成佛即沐浴於尼連河天爲之偃
樹聖人援之而出受牧牛氏女所獻乳糜尋
詣畢鉢樹下天帝化人擷瑞草以席其坐景
雲祥風雜然交至天魔駭之帥其衆乃來作
難聖人以指桉地而地大震魔皆顛仆於是

降之尋以二月七日之夕入正三昧八日明星出時示廓然大悟乃成等正覺是時大地震搖天地瑞事畢出而應之天者魔者人者神者交集以致敬及昇金剛座天帝師之請轉法輪先是憍陳如五人侍從於山中至此首與度之故入鹿野苑談四諦法然因是而

得道果者亦億計既而語諸比丘曰汝等皆可爲世福田宜其各往化物如來遂獨之摩竭提國其國先有奇人號優樓迦葉兄弟凡三人皆得仙術頗以其道自高有徒數千及如來至乃靡然從化與其徒皆得證道初瓶沙王有竹林園號爲義景王嘗心自計曰如來

若先請我我則捨此如來即知其意遂往止其園王喜聞遷大列導從不啻千萬來趨如來既見而衆或疑之如來即命迦葉爲之説法以解其惑王衆與無量天人遂得法眼乃施其園爲之精舍請如來館之居未幾會有比丘分衛於王舍城而舍利弗目揵連聞法於

其人因得開悟遂與之返如來曰彼二來者當爲我上足弟子於是度之初大迦葉自去鬚髮入山習禪一旦空中有神告曰今佛出世汝盍師之以是亦趣竹林精舍既至如來起迎顧謂衆曰吾滅後而法被來世六萬歲者此人之力也是時如來成道已六載矣而

與其父王未始相見王甚懷之侍臣優陀夷請往道王久別之意因請歸國陀夷既來如來慰之尋亦得道成第四果即遣還國告父王曰佛後七日乃來歸也至期王出其國四十里大羅儀仗以迎如來慶動天地王相見大喜因詔其族五百貴子從之出家及其還

宮也羅睺羅禮之持聖人之衣而告之曰此正如來也用是爲母釋其群疑然而福被無極生靈賴之家國遂大嚮其教化自是應機說法天上也人間也龍宮也他方也所至皆作大饒益然其聖神之所爲不可得而備紀其後以化期將近乃命摩訶迦葉曰吾以清

淨法眼涅槃妙心實相無相微妙正法今付於汝汝當護持并勑阿難副貳傳化無令斷絕而說偈曰

法本法無法　無法法亦法
今付無法時　法法何曾法

偈已復謂大迦葉曰吾將金縷僧伽梨衣亦

付於汝汝其轉授補處慈氏佛（亦云彌勒佛）俟其出世宜謹守之大迦葉聞命禮足稱善敬奉佛勅一旦果往拘尸那城娑羅雙樹之間告其大衆欲般涅槃會長者純陀懇獻供養如來因之復大說法而後度須跋陀羅已而歷諸三昧起其座褰僧伽梨示紫金光體囑累

大衆遂右脅而卧泊然大寂其時四部弟子億萬人天哀號追慕動大千界天花大雨而其地皆震及内之金棺待大迦葉而世火不能燃迦葉適至其足自棺雙出慰其哀慕既而金棺自舉周尸那城却下以三昧火燔然自焚燼已而舍利光燭天地其會天者人者

神者龍者皆分去塔之稽夫如來之生也當此周昭王之九年甲寅之四月八日其出家也當昭王之二十七年壬申之二月八日其成道也當昭王三十三年之戊寅其滅度也當穆王三十六年壬申之二月十五日化巳凡一千一十七年以漢孝明之永平十年丁

卯之歲而教被華夏嗚呼如來示同世壽凡七十九歲以正法持世方四十九年（舊譜云世尊十九出家六年雪山修行三十成道住世說去四十九年七十九歲滅度今以歲數推較若秖六年修行其成道則二十五歲若云三十則須并六年在二仙處學法方可合其元數）化度有情其不可勝數所說之法經者律者論者浩若百千大海探者隨力而淺深皆得

然其推於悠遠則極乎天地之終始指其眠近則盡乎髮膚之成壞幽則窮乎鬼神妙則通乎變化大必周於天人小不遺於昆蟲其天下禍福之端性命之本盡於是矣其爲道大至也其爲教廣被也自視鄙凡不足知之不敢讚之念有生人已來未有尊於聖人者

也有聖人已來未有至於如來者也昔列禦寇謂孔子嘗語商太宰曰西方之人有聖者焉不治而不亂不言而自信不化而自行蕩蕩乎民無能名焉丘疑其爲聖弗知真爲聖歟真不聖歟太宰嘿然心計曰孔丘欺我哉以是驗之而列氏之言不爲誕也若如來之

生與滅及其出家成道或當周昭王穆王之年然周自武王至厲王皆無年數及宣王方有之舊譜乃曰昭王九年二十七年三十三年穆王之三十六年或者頗不以爲然吾嘗辨之故考太史公三代世表視其敘曰余讀諜記黄帝以來皆有年數稽其曆譜諜終始

五德之傳古文咸不同乖異夫子之弗論次其年月豈虛哉以此驗三代已前非實無年數蓋太史公用孔子爲尚書之志故不言其年乃作世表疑則傳疑及後世學者之賢若皇甫謐輩復推而正之故爲釋氏之舊譜者因之以書此可詳也孰謂不然

評曰付法於大迦葉者其於何時必何以而明之耶曰昔涅槃會之初如來告諸比丘曰汝等不應作如是語我今所有無上正法悉已付囑摩訶迦葉是迦葉者當爲汝等作大依止此其明矣（見涅槃第二卷）然正宗者蓋聖人之密相傳受不可得必知其處與其時也以經

酌之則法華先而涅槃後也方說法華而大迦葉預焉及涅盤而不在其會吾謂付法之時其在二經之間耳或謂如來於靈山會中捻花示之而迦葉微笑即是而付法又曰如來以法付大迦葉於多子塔前而世皆以是爲傳受之實然此未始見其所出吾雖稍取

亦不敢果以爲審也曰他書之端必列七佛
而此無之豈七佛之倡非其舊譯乎曰不然
夫正宗者必以親相師承爲其効也故此斷
自釋迦如來已降吾所以不復列之耳吾考
其寶林傳燈諸家之傳記皆祖述乎前魏支
彊梁樓與東魏之那連耶舍此二梵僧之所

譯也或其首列乎七佛之偈者蓋亦出於支
彊耶舍之二譯耳豈謂非其舊本耶然寶林
傳其端不列七佛猶吾書之意也

傳法正宗記卷第一　約一

傳法正宗記卷第二　　約二

藤州東山沙門釋　　契嵩編修

天竺第五祖提多迦尊者傳
天竺第六祖彌遮迦尊者傳
天竺第七祖婆須蜜尊者傳
天竺第八祖佛陀難提尊者傳
天竺第九祖伏馱蜜多尊者傳
天竺第十祖脇尊者傳

天竺第十一祖富那夜奢尊者傳

天竺第一祖摩訶迦葉尊者傳

摩訶迦葉尊者摩竭陀國人也姓婆羅門其父號飲澤毋號香志始生姿質美茂其體金色而照曜甚遠相者曰是子夙德清勝法當出家父母憂之乃相與謀曰必美婦可縻其

心稍長苦爲擇娶而尊者辭不得已乃紿之曰非得女金色如我不可爲偶父母乃以婆羅門計鑄金人輦行其國因覿者求之果得金色女如迦葉者遂以室之先是毗婆尸佛滅後衆以其舍利建塔塔之像其面金色缺壞是時迦葉方爲鍛金師會有貧女持一金

錢求治爲薄欲往補之迦葉聞且樂爲補已因相與願世世爲無姻夫妻以是報九十一劫體皆金色後生梵天天之壽盡乃出此婆羅門富家及是夫婦而其體復然故初名迦葉波此曰飲光蓋取其金色之義也記內翻梵語義類過華言者如此迦葉波之類多有或國本前錄已傳不敢輒以梵李較之也然皆

清淨雖偶未嘗有男女意終亦懇求出家其父母從之即爲沙門入山以杜多行自修會空中有告者曰佛已出世請往師之尊者即趣於竹林精舍致禮勤歒如來乃分座命之坐而大衆皆驚謂其何以與此如來知之乃說其夙緣以斷群疑尋爲之說法而尊者即

座成道然其積修勝德而智慧高遠故如來嘗曰我今所有大慈大悲四禪三昧無量功德以自莊嚴而迦葉比丘亦復如是一朝乃以正法付之囑其相傳無令斷絶復授金縷袈裟命之轉付彌勒及如來般大涅槃而尊者方在耆闍崛山是時地震光明照曜即以

天眼知之乃謂衆曰佛涅槃矣嗟乎正法眼滅世間空虚與其徒即趍于拘尸那城既至乎雙樹之間而如來既化已内於金棺尊者大慟遂感如來足出於棺以慰其哀慕尋致旃檀白氎以資其闍維既而尊者謂金剛舍利宜與人天爲其福田吾等比丘當務結集

以惠來世為其大明即以神通自昇須彌之頂而説偈曰

如來弟子　且莫涅槃　得神通者　當赴結集

遂擊金鍾其偈因鍾聲而普聞故五百應真或云一千皆會於畢鉢羅巖唯阿難以漏未盡不得即預宿户外終夕思之及曉乃得正證遂

以之叩户户相告尊者曰若然汝可以神通自户鑰中入阿難如其言而至是時僉議三藏者宜何爲先尊者曰乃宜先修多羅因謂諸聖曰此阿難比丘摠持第一而常侍如來其所聞法如水傳器無有遺餘宜命以集修多羅藏次命優波離以集毗尼藏復命阿難集

阿毘曇達磨藏（他部或云命迦旃延）已而尊者即入願智三昧觀其所集果無謬者然尊者處世方四十五年終以結集既畢而說法度人亦無量矣念自衰老宜入定於雞足山以待彌勒故命阿難曰昔如來將般涅槃預以正法眼付囑于我我將隱矣此復付汝汝善傳持無

使斷絕乃說偈曰

法法本來法　無法無非法　何於一法中

有法有非法

阿難於是作禮奉命復念如來舍利皆在諸天欲往辭之遂陵虛徧至塔廟禮已而還復以夙約必別於阿闍世王及至其門會王方

寤因謂闍者曰摩訶迦葉將入定於雞足山故來相別王起奏之遂以此周孝王之世宵然入其山席草而坐自念今我被糞掃服持佛僧伽梨必經五十七俱胝六十百千歲至于彌勒出世終不致壞乃語山曰若阿闍世王與阿難偕來汝當爲開去已復合於是寂

然乃入滅盡定是時大地爲之動而阿闍世王亦夢其殿梁忽折及覺而司門者果以尊者之語奏王聞泣下爲之歎息即詣竹林精舍拜阿難命之同往逮至雞足而其山果闢尊者定體而儼在其間王且哀且禮命香薪欲爲焚之阿難謂王曰未可燔也此大迦葉

方以禪定持身而俟彌勒下生授佛僧伽棃
乃般涅槃王聞此而敬之益勤及王與阿難
引去而其山合如故
天竺第二祖阿難尊者傳
阿難尊者王舍城人也姓刹帝利斛飰王子
而釋迦如來之從弟也始名阿難陀此云慶

喜亦云歡喜蓋當如來成道之夕而尊者乃生王之家大慶且喜以故名之然有奇相而聰明叡智不比凡者少時聞如來出世乃用世幻自感以如來初從釋氏而出家成大聖道因往求爲其弟子如來許爲之說法遂成須陀洹果方如來欲人參侍而尊者獨爲大

衆所推其智慧善巧而知時所宜頗合聖意然其往世於佛有大功德故所聞法皆能記之若水傳器而無有失者故如來甞稱其摠持第一及如來垂般涅槃而尊者方在娑羅林外爲魔所亂如來即勑文殊師利將呪往解尊者因與文殊偕還而禮覲如來如來化

已大迦葉會諸羅漢於畢鉢羅巖結集法藏
獨以尊者大智多聞而常侍如來其聞法最
詳乃白衆請之以集修多羅阿毘曇達磨藏
尊者領命遂説偈曰
比丘諸眷屬　離佛不莊嚴　猶如虛空中
衆星之無月

尋作禮大衆乃升法座而曰如是我聞一時
佛在某處説某經教乃至天人等信受奉行
是時大迦葉復問衆曰阿難所言其錯謬乎
皆曰無異世尊之所説者也及大迦葉將入
定於雞足山乃以如來所授正法眼付之尊
者使其傳之勿絶自是以法遊化諸方一日

尊者至一竹林之間彻聞比丘有惧誦偈曰若人生百歲不見水老鶴不如生一日而得覩見之尊者因之歎息曰如來乃世正法之眼何速寂滅使此群生失所依止而迷謬聖教乃語其人曰是非佛意不可依之汝應聽我演正偈云若人生百歲不解生滅法不如

生一日而得解了之是比丘乃以聞其師師反謂阿難衰老其言謬妄豈宜信乎汝可如前誦之尊者他日復聞誦其前偈問其何以然而不從所教是比丘者遂説其師之意尊者以其不重自語而益感之因入三昧欲求尊聖爲之證者然終不能得於是念之佛與

衆聖皆已涅槃必 何從而明之當是時也地
爲之動少頃光明遷發俄然有一聖宿大士
示現爲其說偈而證之曰
彼者諷念偈　實非諸佛語　今遇歡喜尊
而可依了之
彼師弟子視大士神奇乃稟其言即誦尊者

所說遂以之得第二果尊者既得見諸而益自警謂身危脆猶若聚沫況其衰老何堪久乎欲趣泥洹復以阿闍世王甞慨不見如來迦葉二尊聖所般涅槃因約阿難若當寂滅願示其期而尊者故往告之及王之門而閽者詞之以王方寢不敢以聞然王於其夢適

見一蓋七寶飾之千萬億衆繞而瞻之俄有風雨暴至遂吹折其柄寶皆委地王驚及寤會閽者以阿難事奏王聞之遂失聲號慟哀感天地即詣毘舍離城方見尊者坐恒河中流王遽禮之而說偈曰

稽首三界尊　棄我而至此　暫憑悲願力

且莫般涅槃

是時毘舍離王亦在河側復說偈曰

尊者一何速　而歸寂滅場　願住須臾間

而受於供養

尊者見二國王皆來勸請亦說偈曰

二王善嚴住　勿為苦悲戀　涅槃當我淨

而無諸有故
尊者於是乃自念曰我若徧住一國而滅度
之諸國必諍非其當也此應以平等而度諸
有情遂即恒河之中流而欲涅槃其時大地
六種皆震先有五百仙人棲於雪山及是相
與乘空而來禮尊者足曰今我等定於長老

當證佛法願乘見度尊者默而許之即變殑伽河悉爲金地遂爲之說大法要尊者又念先時所度弟子宜當來集須史五百羅漢自空而下爲其出家受戒仙者尋皆得四果然其仙衆之中有二羅漢一曰商那和修一曰末田底迦（亦云末田地）尊者知其皆大法器而命

之曰昔如來以正法眼付大迦葉迦葉入定而付於我我今將滅用傳汝等汝受吾教當聽偈言

本來付有法　付了言無法　各各須自悟

悟了無無法

復謂商那和修曰汝善行化而護持正法無

令斷絶謂末田底迦曰昔佛記云滅度五百
歳中當汝於罽賓國敷宣大法後冝往之以
興教化已而尊者超身虚空作一十八變入
風輪奮迅三昧乃分身四分一恵忉利天一
恵娑竭羅龍宫一恵阿闍世王一恵毘舍離
王得者各建寶塔而供養之是時當此周夷

王之世也

天竺第三祖商那和修尊者傳

商那和修尊者摩突羅國人也亦曰舍那婆斯姓毘舍多其父號林勝母號嬌奢耶處胎凡六載始生而身自有衣隨體而長梵曰商諾迦猶此曰自然服者始西域有瑞草常産

於勝地遇得道聖人出世其潭則化爲九枝以應之及尊者之生而化草果然初事雪山仙者會其仙師從阿難求度而尊者皆預其出家尋成道爲阿羅漢至是其胎衣遂變爲九條法服先是如來行化甞至摩突羅國見一茂林顧謂阿難曰此林其地名優留茶吾

滅度後近百年當有比丘商那和修於此説法度人阿難滅後而尊者以其法遊化至是欲圖居之會有二火龍偕占其地遂暴作風雨以張其威尊者乃入慈三昧以降之因謂龍曰佛昔記此當爲伽藍汝宜見捨龍以佛記故喜捨之尊者遂以立精舍而説法廣度

人天果符佛語久之尊者念欲付法因入三昧觀佛所記聖士爲其後者必在何國出定乃以神通獨之吒利國訪其長者首陀善意之舍善意相見禮已乃問其所以來尊者曰我生子然故來命侶善意曰我嗜世樂不暇相從倏有子當以奉法尊者即稱善去之其

後善意果有子一曰優波吉羅二曰優波毱多及育其三者曰優波毱多尊者知必法器後詣善意而謂之曰此第三子者優波毱多適合佛記當襲我傳法汝宜捨之善意以佛記故不敢見拒於是毱多即從其出家尊者因問之曰汝年幾耶曰我年十七又曰汝身

十七性十七耶毱多乃曰師髮已白爲髮白耶而心白耶尊者曰我但髮白非心白也毱多因曰我年十七性非十七耳尊者益器異之及其得戒成道乃命之曰昔如來以大法眼付囑大迦葉迦葉入定而付我大師慶喜以至於我我今以授於汝汝善傳之勿使其

絶聽吾偈曰
非法亦非心　無心亦無法　説是心法時
是法非心法
已而尊者往隱於罽賓之象白山欲以禪寂
自居未幾會於定中乃見毱多五百弟子慢
而不恭遂往正之既至會毱多不在即坐其

座毱多之徒不測其何人皆憤然不伏遂馳報毱多毱多還見其師遽禮之而其徒慢意尚爾尊者乃以右手上指即有香乳自空而注遂問毱多曰汝識之乎曰不測毱多即入三昧觀之亦不能曉乃請之曰是瑞事果何三昧耶尊者曰是謂龍奮迅三昧如是五百

三昧而汝皆未之知復謂毱多曰如來三昧辟支不識辟支三昧羅漢不識吾師阿難三昧而我不識今我三昧汝豈識乎是三昧者心不生滅住大慈力遶相恭敬其至此者乃可識之而毱多弟子既見其神奇皆伏而悔謝和修復爲說偈而教之曰

通達非彼此　至聖無長短　汝除輕慢意
疾得阿羅漢
毱多諸徒以是皆得證四果尊者壽超身虛
空作一十八變以三昧火而自焚是時也當
此周宣王之世也毱多乃以其舍利建寶塔
於迦羅山勝處與人天共其供養

天竺第四祖優波毱多尊者傳

優波毱多尊者吒利國人也亦曰優波崛多亦曰鄔波毱多姓首陀氏父曰善意年始十七會尊者商那和修至其舍化導因從之出家至二十乃證道成阿羅漢遂廣遊化初至摩突羅國說法其衆翕然大集而所聞者皆

得證道方尊者說法之時諸天雨華地祇皆現雖魔宮亦爲之動而波旬憂之遂來作難以其魔力屢化花與玉女欲亂其聽法者尊者即入三昧察其所以魔乘其在定持瓔珞輙縻其頸尊者定起知魔所爲乃取人狗蛇三者之屍化爲花鬘命波旬以耎語慰之曰

汝與我瓔珞甚爲珍惠吾有花鬘以相奉酬魔大喜乃引頸受之即復爲三者腐屍臭穢魔甚惡之詞於尊者曰何用屍而相加乎尊者曰汝以非法之物欲亂我道衆吾以是物應汝之意又何厭乎魔於是盡自神力而不能去之即昇六欲天告諸天主又詰梵王求

其解免天各謂曰彼十力弟子所作神變豈我天屬而能去之波旬曰其將奈何梵王曰汝可歸心尊者必得除之乃爲說偈教其回向曰

若因地倒　還因地起　離地求起　終無其理

波旬禀其言下天復趨於尊者禮悔懇至尊

者曰先聖命我降汝雖然汝以是遷善乃得事佛不墮惡趣魔聞喜之曰尊者盖爲我致大饒益願爲去此屍曰汝於正法不嬈害否波旬曰伏而奉教不敢爾也尊者即爲釋之因謂波旬曰汝甞覩如來今可試現示我瞻之魔曰現固不憚願尊者不必致禮即入

林間化爲如來而奇相儼如與其侍從自林而出尊者一見其心忻然若真覩大聖不覺體自投地乃即禮之魔不勝其禮戰掉自失及尊者拜起不復見適尊儀波旬自禮足尊者而說偈曰

稽首三昧尊　十力大慈足　我今願迴向

勿令有劣弱

後之四日波旬大領天衆復來作禮讚歎而去然尊者化導而後聖因其所證者最多初每度一人則以一籌置於石室其室縱十八肘廣十二肘而籌盈之昔如來嘗記尊者當爲傳法四世之祖謂其雖無相好而所化度

如如來之日無異至是而大聖之言驗矣最後乃有長者子曰香衆從尊者固求出家尊者問之曰汝身出家心出家耶香衆曰我來出家非爲身心曰不爲身心復誰出家曰夫出家者無我我故無我我故即心不生滅心不生滅即是常道諸佛亦常心無形相其體

亦然尊者曰汝當大悟心自通達宜依佛法僧紹隆聖種即爲披剃受具足戒仍告之曰汝父嘗夢金日而生汝以是可名提多迦尋謂之曰如來以大法眼藏次第傳受以至於今今復付汝聽吾偈曰

心自本來心　本心非有法　有法有本心

非心非本法
既而超身太虛示十八變復其座跏趺而化
當此周平王之世也多迦乃以室壽而闍維
之收其舍利建塔供養
評曰他書列鞠多之事甚衆此何畧乎曰此
蓋務其付受之本末耳夫如來之後其化導

得人唯毱多尊者最為多矣然其事迹之繁吾恐雖竹帛不可勝載而孰能盡書若室籌者聊誌其得聖果者耳未必極其所化

天竺第五祖提多迦尊者傳

提多迦尊者摩伽陀國人也其姓未詳初名香衆少時會毱多尊者盛化於摩突羅國因

從其出家以應對詣理毱多器之則與落髮受具始尊者生時其父嘗夢金日自舍而出灼然照曜天地後有寶山與日相對而山之頂流泉四注至是毱多尊者乃爲解之曰寶山者吾身也流泉者法無盡也日從屋出者汝入道之相也其照曜天地者汝智慧之發

曄也因易今之名梵語提多迦此曰通真量蓋取其夢之義也然如來昔嘗記之及此皆驗尊者得其師之說忻然奉命遂禮之乃以偈讚曰

巍巍七寶山　常出智慧泉　迴為真法味
能度諸有緣

毱多尊者亦以偈而答曰
我法傳於汝　當現大智慧　金日從屋出
照曜於天地
既而尊者以法自務遊化尋至中印上會其國有大仙者八千人其首曰彌遮迦聞之遂帥衆詣尊者而禮之曰念昔與尊者同生梵

天我遇阿私陀仙授之仙術而尊者證果乃得應真自是分離已更六劫尊者曰仙者所指誠如其言然汝之務仙終何所詣曰我雖未遇至聖然私陀尊仙嘗記之曰却後六劫當因同學得無漏果今之相遇豈不然耶尊者曰汝既知尒便可出家仙法小道非能致

人解脫吾久於化導亦欲休之汝果趣大法豈宜自遲遮迦喜其言即求出家是時遮迦之衆見其尊仙如此皆慨之謂多迦何足師者而從之出家尊者遂知衆心齟齬欲其信之即放光明超步太虛而若履平地乃以所化寶蓋覆其仙衆復有香乳自其指端而注

乳間現蓮蓮間化佛仙衆視其神變非常遂染服皆求出家尊者受之因謂雖然汝屬宜正念依佛使僧威儀自然而成不須工爲仙衆如其言而鬚髮果自除去袈裟生體尋得戒皆成四果聖人尊者尋獨命遮迦曰昔如來以大法眼密付大迦葉展轉而至於我我

今付汝汝當傳持勿絶聽吾偈曰

通達本心法　無法無非法　悟了同未悟

無心亦無法

偈已尊者起身太虛呈十八變用火光三昧而自焚之是時也當此周莊王之世也彌遮迦與衆收其舍利建塔於班荼山而供養之

天竺第六祖彌遮迦尊者傳

彌遮迦尊者中印土人也未詳姓氏既與其神仙之衆皆師提多迦尊者得度而證聖果遂以其所得之道遊化諸方一日至北天竺國俄見其城堞之上有瑞雲如金色乃顧謂左右曰此大乘氣也茲城當有至人與吾嗣

法及入其國至市果有一人持酒器遊遮迦而問之曰尊者何方而來欲往何所荅曰從自心來欲往無處又曰識我手中物否荅曰此是觸器而負淨者又曰尊者其識我否荅曰我即不識識即不我遮迦復謂之曰汝可自道姓氏吾則後示本因其人遂說偈而荅

之曰

我今生此國　復憶昔時日　本姓頗羅墮

名字婆須蜜

尊者聞之乃悟其緣謂婆須蜜曰吾師提多迦嘗言如來昔遊北天竺謂阿難曰此國吾滅後三百餘年當有聖人姓頗羅墮名婆須

嵏出爲禪祖當第七世斯如來記汝汝應出家其人遂置器禮於尊者傍立而言曰我思往劫嘗爲施者獻一如來寶座彼如來記我曰汝於賢劫當得佛法爲第七祖今之所喜乃其緣也尊者大慈幸見度脫尊者即爲其剃度以圓戒德尋命之曰我方老邁將般涅

槃如來正法眼藏今以付汝汝當傳之無使
斷絕聽吾偈曰
無心無可得　說得不名法　若了心非心
始解心心法
偈已尊者即入師子奮迅三昧騰身太虛高
七多羅樹却返其座化火自焚而天人悲慟

衰感天地其時當此周襄王之世也婆須蜜乃收其舍利以七寶函貯之建塔寘其上層而供養之

天竺第七祖婆須蜜尊者傳

婆須蜜尊者北天竺國人也姓頗羅墮常衣淨衣持酒器遊處里巷而吟嘯自若人頗不

測或謂其狂及遇彌遮迦尊者明其夙緣遂
投罷即從之出家尋得付法及遮迦滅已乃
廣其教化至迦摩羅國方大爲勝事還有一
智士趨其座前自謂我名佛陀難提今與尊
者論義須審曰仁者論即不義義即不論若
擬論義終非義論難提以其義勝甘心服之

遂告曰我願求道預甘露味尊者乃與度之特命四果聖人爲其受戒未幾乃命之曰如來正法眼藏今以付汝汝其傳之愼無斷絶聽吾偈曰

心同虛空界　示等虛空法　證得虛空時

無是無非法

已而須蜜超身至十八變乃入慈三昧以趣寂定是時釋梵與諸天衆皆來作禮而說偈曰

賢劫聖衆祖　而當第七位　尊者哀念我
請為宣佛地

須蜜定已七日以是乃出而示衆曰我所得

法而非有故若識佛地離有無故語已復入
寂定示涅槃相天衆聞法皆喜而禮之遂散
其天花其時當此周定王之世也難提即其
本座建寶塔以秘其全體
天竺第八祖佛陀難提尊者傳
佛陀難提尊者迦摩羅國人也姓瞿曇波氏

生時頂有肉髻光彩外發性大聰明文字能一覽悉記年十四乃慕出家專以梵行自修及婆須蜜尊者來其國難提一旦就之發問遂伏其勝義則依之為師尋得付法亦領徒廣務遊化初至提伽國先是其國有毘舍羅家生一子號伏馱蜜多年已五十而口未嘗

言足未嘗發父母不測其何緣皆爲憂之或以問其國之君定業者定者不能決謂其父母曰將有大士傳佛心印非久至此汝可問之及尊者入國過毘舍羅之門俄見有白光發其舍上尊者指之謂其衆曰此家當有聖人口無言說眞大乘器不行四衢知所觸穢

是必嗣吾大隆教化其所度者當有五百成聖果者又曰其光上貫者表其承我而得法其光下屬者表其所出得人然其所出之者號脇比丘心大如地當繼我爲第三世也於是毘舍家主遂出問其所來欲須何物尊者曰我來求人非須物也主曰我家豈有奇人

而可求耶然唯有一子不語不行年巳五十
尊者欲之固亦不惂難提曰汝之言者正吾
所求其父母即持子以與之及尊者携至精
舍忽自發語即履七步合掌説偈而相問曰
父母非我親　誰爲最親者　諸佛非我道
誰爲最道者

尊者即以偈答之曰

汝言與心親　父母非可比　汝行與道合
諸佛心即是　外求有相佛　與汝不相似
若識汝本心　非合亦非離

蜜多聞法甚喜乃慇懃致禮尊者遂與之出家召衆賢聖爲其受戒後乃命曰如來法眼

密傳至我我今以付囑汝汝其相傳勿令其絶聽吾偈曰

虛空無内外　心法亦如此　若了虛空故
是達眞如理

蜜多幸得法偈即超身太虛散衆寶花說偈而讚之曰

我師禪祖中　適當爲第八　法化衆無量
悉獲阿羅漢
尊者付其法已還起本座卓然而立現大神變自其腹發異光八道照曜大衆而被其照者僅五百人獲第二果乃般涅槃其時當此周景王之丗也衆遂即其所建寶塔以閟其

全體

天竺第九祖伏馱蜜多尊者傳

伏馱蜜多尊者提伽國人也姓毘舍羅氏蜜多父母既疑其平生及遇難提尊者說其夙緣曰此子往世明達於佛法中欲爲大饒益悲濟群生故嘗自願若我生處當不爲父母

恩愛所纏隨其善緣即得解脫其口不言者表道之空寂也其足不履者表法無去來也於是其父母之疑渙然大釋遂樂以師於難提得法乃遊化至中印土先是其國有長者曰香蓋香蓋有子曰難生難生雖穀食而絶無滓穢至是香蓋携之來禮尊者且曰此子

處胎凡一十六年及誕頗有奇夢亦嘗會仙者相曰此兒非凡器當遇菩薩見度適會尊者蓋其緣也願以之出家香蓋遂謂其子曰汝已出家無以我在茲而心喜我返家而生惱尊者即曰我今所在豈有彼此諸漏已盡安得生惱蜜多以故度之未幾遂以法付之

曰如來大法眼藏今以付汝汝其傳之無使斷絶汝受吾教聽吾偈曰

眞理本無名　因名顯眞理　受得眞實法
非眞亦非僞

尊者付其法已自念久於化導所化已辦當以滅盡三昧而自息之於是遂般涅槃諸天

皆作樂供養沸渭於虛空是時也當此周敬王之丗也脇比丘遂以香薪而闍維之斂其舍利建寶塔於那爛陀寺

天竺第十祖脇尊者傳

脇尊者中天竺國人也其姓未詳本名難生以其久處胎故也初尊者將生而其父香蓋

遂夢一白象背負寶座座之上寘一明珠從其門而出至一法會其光照曜於衆既而忽然不見及誕果光燭於室體有奇香父異之成童會伏馱蜜多尊者化於其國香蓋遂携以詣之道其所生之異求與出家蜜多許之會七阿羅漢爲受具戒方納戒乃於壇之上

現其瑞相空中復雨舍利三七粒然尊者修行精苦未嘗寢寐雖晝夜而脇不至席以故得號脇尊者既預付法乃遊化他土尋至花氏國而憩於樹下遽以右手指地而謂衆曰此地變金色當有聖者入會少頃其地果爲金色俄有一長者之子曰富那夜奢遽至其

前合掌而立脇尊者遂問曰汝從何來夜奢曰我心非往尊者曰汝從何住曰我心非止尊者曰汝不定耶曰諸佛亦然尊者曰汝非諸佛曰諸佛亦非尊者因說偈曰

此地變金色　預知於聖至　當坐菩提樹

覺花而成已

夜奢亦說偈而酬之曰

師坐金色城　常說真實義　迴光而照我

令入三摩諦

因告之曰我今願師尊者幸與出家脇尊者聽之即爲剃度命四果聖者與其受戒後乃命之曰如來大法眼藏今以付汝汝其流傳

勿令之絶聽吾偈曰

眞體自然眞　因眞說有理　領得眞眞法
無行亦無止

既付其法即本座超身太虛而入涅槃以三昧火而自焚之其舍利自空而下不可勝數衆竟以衣裓接之是時當此周正定王之世

也其衆尋建塔廟以祕舍利而諸天布寶蓋以覆之

天竺第十一祖富那夜奢尊者傳

富那夜奢尊者花氏國人也姓瞿曇氏其父曰寶身號爲長者初寶身有子七人各有所尚其一曰富那般多好學仙術次二曰富那

金子好常寂靜次三曰富那月光好角力相擊次四曰富那勝童好惠施念佛次五曰富那波豆好殺嗜酒次六曰富那吉丹躭於嗜欲次七即富那夜奢淡然無所好惡其心不靜不亂非凡非聖嘗曰若遇大士坐於道場我則至彼親近隨喜及脇尊者至其國方與

佛事而尊者遂詣其會應對響捷言皆造理
果於勝尊者得正法眼遂以之遊化道德所
被不啻千萬之衆然其得聖果者盈五百人
後至波羅奈國遂有一長者來趨其會尊者
謂其衆曰汝等識此來者耶佛昔記云吾滅
後將六百年當有聖者號馬鳴出於波羅奈

國說法於花氏城摧伏異道度人無量今其人也然吾亦夜夢大海偏溢乎一隅方欲決之其水遂沛然流潤諸界今此來者蓋其大海者也將從吾出家以法濟人其流潤者也於是馬鳴致禮前而問曰我欲識佛何者即是尊者曰汝欲識佛不識者是曰佛既不識

焉知是乎尊者曰既不識佛焉知不是曰此是鋸義尊者曰彼是木義却問鋸義者何馬鳴曰與師平出却問木義者何夜奢曰汝被我解馬鳴遂悟其勝義忻然即求出家夜奢乃爲度之以受具戒然其會中因之而證第四果者凡二百人其後命馬鳴曰汝當轉法

輪為十二世祖昔如來大法眼藏今以付汝汝其傳之聽吾偈曰

迷悟如隱顯　明暗不相離　今付隱顯法非一亦非二

付法已尊者即退神通為一十八變却反其座泊然寂滅其時當此周安王之世也衆遂

建塔以閟其全體

評曰唐高僧神清不喜禪者自尊其宗乃著書而抑之曰其傳法賢聖間以聲聞如迦葉等雖則廻心尚爲小智豈能傳佛心印乎即引付法藏傳曰昔商那和修告優波毱多曰佛之三昧辟支不知辟支三昧聲聞不知諸

大聲聞三昧餘聲聞不知阿難三昧我今不知我今三昧汝亦不知如是三昧皆隨吾滅又有七萬七千本生經一萬阿毘曇八萬清淨毘尼亦隨我滅固哉清也徒肆已所愛惡而不知大雄先聖吾始視清書見其較論三教雖文詞不嘉蓋以其善記經書亦別事之

重輕不即非之及考其讖禪者之說問難凡數十端輙採流俗所尚及援書傳復不得其詳余初謂此非至論固不足注意徐思其所謂迦葉等豈能傳佛心印尤爲狂言恐其熒惑世俗以增後生末學之相訾不已乃與正之非好辯也大凡萬事理爲其本而迹爲末

也通其本者故多得之東其末者故多失之若傳法者數十賢聖雖示同聲聞而豈宜以聲聞盡之哉經曰我今所有無上正法悉已付囑摩訶迦葉傳曰我今所有大慈大悲四禪三昧無量功德而自莊嚴而迦葉比丘亦復如是又謂毱多爲無相好佛又謂僧伽難

提者乃過去婆羅王如來降迹爲祖如此之類甚衆是豈非聖人欲扶其法互相尊敬而示爲大小耶楞伽所謂三種阿羅漢者一曰得決定寂滅聲聞羅漢一曰曾修行菩薩行羅漢一曰應化佛所化羅漢此羅漢者以本願善根方便力故現諸佛土生大衆中莊嚴

諸佛大會衆故若大迦葉傳法數十賢聖者豈非應化佛所化之羅漢耶佛所化者宜其所有四禪三昧無量功德與如來不異也不異乎如來而傳佛心印孰謂其不然乎若商那曰阿難三昧而我不知我今三昧而汝不知云此恐其有所抑揚耳未可謂其必然經

曰入遠行地已得無量三昧夫入遠行地者蓋七地之菩薩也七地菩薩尚能得無量三昧而化佛豈盡不能得耶然佛之所傳心印與餘三昧宜異日而道哉夫心印者蓋大聖人種智之妙本也餘三昧者乃妙本所發之智慧也皆以三昧而稱之耳心印即經所謂

三昧王之三昧者也如來所傳乃此三昧也清以謂餘三昧耶其所謂七萬七千本生經一萬阿毗曇八萬清淨毗尼亦隨我滅者此余未始見於他書獨付法藏傳云爾尚或疑之假令其書不謬恐非為傳法賢聖不能任持而然也是必以後世群生機緣福力益弱

不勝其教以故滅之方正像末法三者之存滅皆亦隨世而汙隆曷嘗為其弘法賢聖而致正末者耶嗚呼學者不求經不窮理動謬聖人之意為其說雖能編連萬世事亦何益乎書曰記誦之學不足為人師清之謂歟

傳法正宗記卷第二

傳法正宗記卷第三

藤州東山沙門釋　契嵩　編修

天竺第十二祖馬鳴大士傳

天竺第十三祖迦毘摩羅大士傳

天竺第十四祖龍樹大士傳

天竺第十五祖迦那提婆大士傳

天竺第十六祖羅睺羅多大士傳

天竺第十七祖僧伽難提大士傳

天竺第十八祖伽耶舍多大士傳

天竺第十九祖鳩摩羅多大士傳

天竺第二十祖闍夜多大士傳

天竺第十二祖馬鳴大士傳

馬鳴大士者波羅奈國人也未詳其姓氏亦名功勝蓋以其夙有功德殊勝而命之然初詣富那夜奢尊者以問荅有所合乃慕其道遂從之出家受戒夜奢因謂之曰汝夙世以有所愛被降梵天生於毗舍離國然其國有上中下三類人其上之者身有光明其衣食

自然從念而得中之者身無光明衣食求之乃得下之者裸形如馬汝憫此類嘗以神力分身爲蠶其人得以爲服由是功德汝得復生今之中國方汝捨彼國時其馬人衆感戀汝德皆共悲鳴汝亦以偈慰之曰

我昔生梵天　爲有小愛故　而墮毗離國

與汝同憂苦　我見汝無衣　心生保善護

示化於窠窟　當得諸濟度

偈已汝即此生以故得今馬鳴之號也然汝當轉法輪爲第十二世祖師尋以大法眼付之已而大士以其法遊化至花氏國方大興佛事雖三乘學人皆能度之一旦遽有一老

叟陽為族者至其會前坐而仆地大士因曰
此非常也將有異相其人遂即不見俄而從
地涌出為一女子其狀端美艷如金色舉手
指大士而說偈曰
稽首長老尊　當受如來記　今於此地上
而度生死衆

復嘗然不見大士曰此魔來欲與吾較有頃果風雨暴至天地忽冥復曰魔之信至矣吾當除之即以手揮空遂現一千尺金龍其威神奮張雖山丘爲之震蕩而魔事遂息後七日復有一小蟲狀類蟭螟潛其座下大士執之以下衆曰此魔之所變盜聽吾法尋縱之

令其自爲終懼而不能動尋慰之曰吾非害汝汝但復其本形魔乃現其正體作禮而懺悔大士因問曰汝之名誰其眷屬幾何魔曰我名迦毘摩羅其屬三千曰汝盡神力能變幾何魔曰我化大海不爲難事曰汝化性海得耶魔茫然乃曰此言非我所知大士即爲

說法曰此性海者山河大地皆依建立三昧六通由茲發現魔聞法大起信心遂與其三千徒屬皆求出家大士即爲剃度乃召五百應眞與之受戒謂之曰汝趣菩提當即成聖道摩羅果得戒體發光明而異香普薰大士因之乃大造論議尋而命之曰如來大法眼

藏今以付汝傳之勿令斷絕汝聽吾偈曰

隱顯即本法　明暗元不二　今付悟了法

非取亦非棄

付法已即入龍奮迅三昧挺身空中如日輪相尋趣大寂是時也當此周顯聖王之世也四衆遂以其真體閟之於龍龕

天竺第十三祖迦毘摩羅大士傳

迦毘摩羅者花氏國人也未詳其姓初為外道有大幻術因詣馬鳴大士較法不勝遂與其徒皆求出家既證聖道馬鳴即以大法眼付之已而遊化至西天竺會其國太子有曰雲自在者德於大士乃欲請往其宮中供養

大士辭之曰佛制沙門不得親於王臣勢家此不敢從命太子曰然則吾國其城之北有一大山山有石窟清靜絶俗亦可禪棲雖龍蛇異物所護而尊者至德其必順化大士曰諾從之而往方至其山果有大蟒長可一里瞋目相視大士即直進不顧至山之南方坐

於坦處蟒復盤繞其身亦不之顧蟒須臾遂去大士視其所隨之衆已皆逃散無一在者尋獨進將至其石窟俄然有一老人素服而出合掌致敬大士問曰汝何所居曰我昔嘗爲比丘甚好寂靜煩於初學所問因起瞋心以故命終墮爲蟒身止於此窟今已千載適

值尊者聖德故來敬之大士因問曰是山後有何人所居其務道乎汝示我知之老人曰此北去十里有巨樹焉能蔭五百大龍其樹之王號龍樹者常爲龍衆說法而我亦預聽大士又集其徒相將而前及至巨樹龍樹果出迎之忻然致禮而問之曰深山孤寂龍蛇

所居大德至尊何屈至此大士曰吾非至尊
來訪賢者龍樹即默而討之曰此尊者其得
決定性明道眼耶是大聖人繼眞宗乎大士
曰汝雖心念吾已意知但能出家何慮我之
非聖龍樹於是悔謝大士即與度之未幾乃
命之曰今以如來大法眼藏付囑汝傳之汝

聽吾偈曰

非隱非顯法　說是眞實際　悟此隱顯法

非愚亦非智

大士付法已遽起身太虛逞其神變乃趣寂滅以化火自焚是時當此周赧王之世也龍樹遂斂其五色舍利建寶塔以閟之

評曰寶林傳燈二書皆書天竺諸祖入滅之時以合華夏周秦之歲甲然周自宣王已前未始有年又支竺相遠數萬餘里其人化滅或有更千餘歲者其事渺茫隔越吾恐以重譯比校未易得其實輒畧其年數甲子且從而存其帝代耳唯釋迦文佛菩提達磨至乎

中國六世之祖其入滅年甲稍可以推校乃備書也

天竺第十四祖龍樹大士傳

龍樹大士者西天竺國人也未詳其本姓或曰出於梵志之族其性大聰晤才慧卓犖殆非凡器少時已能誦四韋陀典稍長善天文

地理悉通百家藝術所知若神明始其國有山號龍勝者素爲龍之所棲而山有巨樹能蔭衆龍及大士有所感悟意欲出家遂入山修行乃依其樹然而三藏奥義亦自洞曉已能爲其龍衆說法以故得號龍樹及摩羅尊者來其山相遇甚善大士乃與龍衆禮之爲

師方剃度時其國之君與帝釋梵王皆赴其勝會受戒於大羅漢即成聖道得六神通摩羅尋以大法眼付之已而遊化至南天竺國先是其國之人好修福業洎大士至說正法要乃遮相謂曰唯此興福最為勝事佛性之說何可見耶大士因語之曰汝衆欲見佛性

必除我慢乃可至之其人曰佛性大小曰非小非大非廣非狹無福無報不死不生其人衆以大士所說臻理皆喜好願學其法大士即於座上化其身如一月輪時衆雖聞說法而無覩其形適有長者之子曰迦那提婆在彼人之中視之獨能契悟遽謂其衆曰識此

相乎衆曰非我等能辨提婆曰此蓋大士示現以表佛性欲我等詳之耳夫無相三昧形如滿月佛性之義廓然虛明語方已而輪相忽隱大士復儼然處其本座而說偈曰

身現圓月相　以表諸佛體　說法無其形
用辨非聲色

於是其人皆大感悟即求爲師而大士悉與度之會衆聖與其受戒而提婆爲之上首會有五千外道先於其國與大幻術王與國人皆靡然從之而佛道將塞當此大士感慨遂易其威儀白衣持幡伺王每出則趨其前行或隱或顯如此凡七載一旦王大異之以善

辭命而致之問曰汝果何人而常吾前行追之不得縱之不去大士曰我是智人知一切事王復驚其語即欲驗之曰諸天今何所爲曰天今方與阿修羅戰王曰天事豈易明耶曰且待將有應効少頃俄有戈戟雜人手足紛然自空而下王見乃信遂加歎服命外道

輩歸禮大士然外道皆求正其見大士遂因之造衆論議若智慶者若中觀者若十二門者不啻其千萬偈悉皆方便開釋正法以應其機宜其後乃命迦那提婆曰如來以大法眼付囑迦葉乃至於我我今付汝聽吾偈曰

為明隱顯法　方說解脫理　於法心不證

無瞋亦無喜
復謂提婆曰汝善傳持勿使斷絕當於未來
之世大興佛事已而騰身太虛入月輪三昧
大逞神變返其座即入寂定及後七日天雨
舍利而大士復從定起以手指空謂其衆曰
此舍利者蓋昔拘那含佛之弟子號摩訶迦

尊者嘗發三願之所致也其一曰願我爲佛之時若有聖士化度於世者遇天澍雨至於其身即爲舍利其二曰願大地所生之物皆堪爲藥療衆生病其三曰願凡有智者皆得所知微妙以通宿命言已仍泊然大寂其時當此秦始皇帝之世也提婆與其四衆遂建

搭以閱之

評曰正宗貴乎簡妙而龍樹大士以廣論發之何哉曰然簡妙常難其至之者方其人機器有上下此非以方便導之則淺信者安得其進嚮是故大士爲論務發彼一機者也涅槃豈不云乎汝愼勿爲利根之人廣説法語

鈍根之人略說法也夫簡妙者要在其心有所到耳不必以其言不言爲之當否是故證之於簡妙也彌說而彌至不證於簡妙也彌說而彌遠

天竺第十五祖迦那提婆大士傳

迦那提婆者南天竺國人也姓毘舍羅天性

才辯幼習其國風喜修福業及趣龍樹大士方至其門龍樹試之遣以滿鉢水先置其前大士即以一針投之而進相見忻然契會龍樹現月輪以表佛性衆皆罔測獨大士識之遂以諭其衆人尋亦相與師龍樹出家而提婆果爲其高足弟子及龍樹大士垂入泥洹

遂以大法眼傳之其後大士以其所證廣化乎他方先是迦毘羅國有富人曰梵摩淨德其國稱爲長者有二子長曰羅睺羅琰次曰羅睺羅多淨德好治園林種植嘉木一朝其園木無故忽然生耳如菌大於車輪其美味可食如此終年唯資淨德與其子羅睺羅多

所噉餘家人輒欲取食其菌即隱然淨德疑之謂其子曰此木之耳唯我與汝得食必非常事何人能爲明之羅睺羅多遂說偈欲以他告曰

此木生奇耳　我食不枯槁　智者解此因
我迴向佛道

適會大士入國至其家而淨德父子喜得所
遇致禮遂以其事問之大士乃與辨之曰昔
汝二十之時甞命一比丘於舍供養其比丘
雖小有戒行而法眼未明心不諳理坐虛受
汝惠然其能少修行不陷惡趣故報爲此木
耳以償於汝初此比丘居汝舍時汝諸家人

皆不喜之唯汝與其次子能以誠待故今耳菌獨汝父子得饗復問淨德曰汝年幾何荅曰七十有九大士因說偈曰

入道不通理　復身還信施　汝年八十一
此木亦無耳

淨德聞其說心遽廓然益勤歎伏且曰我媿

衰老雖欲出家豈堪事師今此次子素樂入道願捨以備給侍幸尊者容之大士謂曰昔如來記此子云後五百年中有大菩薩號羅睺羅多因木之耳出家成道遂問其子曰汝何名耶曰我名羅睺羅多大士曰此誠合佛所記汝今出家必成大果尋與剃度會聖衆

與受具戒遂專隨遊化一日大士復至巴連弗城俄聞外道相計欲掩抑佛法乃自持長幡往立其會所外道遽問曰汝何不前荅曰汝何不後又曰汝似賤人荅曰汝似良人又曰汝解何法荅曰汝百不解又曰我欲得佛荅曰我灼然得又曰汝不合得荅曰元道我

得汝實不得又曰汝既不得云何言得荅曰汝有我故所以不得我無我故我當自得於是外道詞盈自相謂曰此必大聖宜皆歸之遂問曰汝名爲誰大士曰我名迦那提婆外道輩以夙聞其名於是服膺悔過其未即化者後發百千難問而大士恣其無礙之辯一

皆折之由是廣造論議若百論之類是也然其勝事既集終命羅睺羅多付之法眼其說偈曰

本對傳法人　爲說解脫理　於法實無證
無終亦無始

已而入奮迅三昧體放八光而趣寂滅其時

當此前漢孝文帝之世也四衆營塔而梵天
助飾共供養之
天竺第十六祖羅睺羅多大士傳
羅睺羅多者迦毗羅國人也姓梵摩氏既得
明其家木耳之緣即從提婆大士出家隨侍
往巴連弗城尋受付正法於彼城其後大士

亦統徒廣行教化未幾至室羅筏城之南臨金水河遽謂其徒曰汝等知之乎適五佛影現於中流吾勺其水輒有異味此河之源凡五百里當有至人居之然如來昔已記曰後五百年中當有聖者號僧伽難提出於此處相繼以爲十七世祖遂將衆泝流而上既至

果見難提禪定於石龕中伺之凡三七日會其出定大士乃問之曰汝身定耶心定乎難提荅曰我身心俱定又曰心身俱定何有出入荅曰雖有出入不失定相如金在井金體常寂又曰若金在井若金出井金無動靜何物出入荅曰言金動靜何物出入許金出入

金非動靜又曰若金在井出者何物荅曰金
若出井在者非金金若在井出者非物又曰
此義不然荅曰彼理非著又曰此義當墮荅
曰彼義不成又曰彼義不成我義成矣荅曰
我義雖成法非我故又曰我義已成我無我
故荅曰我無我故復成何義又曰我無我故

故成汝義難提乃曰仁者師於何聖得是無我大士曰我師迦那提婆大士證是無我曰稽首提婆師而出於仁者仁者無我故我欲師仁者大士曰我已無我故汝須見我我汝若師我故知我我非我我難提心即廓然遂稽首而説偈曰

三界一明燈　迴光而照我　十方悉開朗
如日虛空住

偈已再禮必求見度大士曰汝心自在非繫我所何須依託而求解脫大士即以右手擎其金鉢舉至梵天取天香飯命衆共食而其大衆忽生厭惡皆不能饗大士曰讓而不能

食非吾所悋汝業自然乃命難提分座同食衆復疑之意其師弟子混而無品大士知之曰汝不得食皆由此故今與吾分座之者乃過去娑羅王如來也應物降迹將爲第十七世祖師汝輩亦莊嚴劫中嘗趣三果而未純無漏適雖親我豈大見性正宜專意歸此仁

者然吾滅後即爲大衆上首復出一師號伽耶舍多亦宜知之衆曰大師神力不敢不信彼云過去佛者尚或疑之難提以其衆心未伏於已乃謂羅多曰世尊在日世界平正無有堆阜江河溝洫水皆甘美草木滋茂國土豐盈人無八苦而行十善及乎雙林示滅今

將欲千年而世界丘墟樹木枯悴人寡至信正念輕微不務妙悟但樂神力然我自不爲爲亦何難即展右手入地至于金剛輪際取甘露水以琉璃器持至會中分諸大衆然飲者其心益寧於是衆皆推伏作禮悔過大士後乃命之曰吾今老矣非久處世如來之大

法眼用付於汝聽吾偈曰

於法實無證　不取亦不離　法非有無相

内外云何起

難提聞命敬奉勤至復說偈而讚之曰

善哉大聖者　心明逾日月　一光照世界

暗魔無不滅

羅多大士即其座上入滅是時也當此漢武帝之世也四衆建塔以閟全體

天竺第十七祖僧伽難提大士傳

僧伽難提者室羅伐國人也姓刹帝利父曰寶莊嚴實其國之王也大士生即能言與其母語唯稱佛事父母異之詔其國師問子所

以然其國師異人也能知往事謂王曰此子乃昔娑羅王佛也欲有所化度故示生王家七歲當復入道出居于金河石窟其父母愛之常恐如其說及七歲大士果說偈告父母欲求出家曰

稽首大慈父　和尚骨血母　我今欲出家

幸願哀愍故
初父母不從昔求方得其志王遂命沙門禪
利多為其落髮師留宮中九年始會勝僧與
之受戒一夕大士乃自警曰我已具戒而尚
處俗舍年復二十六矣何遇聖者而得聞道
乎遷感天光下照俄見一坦路而前有大山

大士即趣之以往至其山而天色亦曉自視已坐於石窟間及旦王以亡子求不能得遂擯去禪利多然大士於此修禪方且十年而徒稍歸之一日因見瑞氣忽謂之曰將有聖人為我而來汝速潔前窟待之未幾羅睺羅多果至是時大士在定倏七日會其起相與

問荅凡數百言而羅睺羅多義勝大士伏膺
遂從其求道羅多曰如來記汝當爲十七世
祖尋命之傳大法眼大士一旦謂其衆曰羅
睺羅多大士嘗說摩提國當出聖士號伽耶
舍多繼吾傳法今與汝等往訪其人行之無
何有祥風自西而來清襲衆人大士曰此道

德風也西之三千里必得聖者相會然是風不類天龍鬼神阿須倫之風者雖有吹㨓而不損萬物病遇則愈學遇則通惡業遇之則無於是以神通攝衆少選偕至一山謂衆曰此山之頂有紫雲如蓋必聖人在茲衆四顧不遠果有山舍進之方及其門俄見一童子

持鑑趨迎於前大士即問曰汝幾歲耶荅曰百歲又曰汝方童㓜何謂百歲荅曰我不解理正若百歲又曰汝善機耶荅曰佛偈豈不云若人生百歲不會諸佛機未若生一日而得決了之大士復問曰汝持圓鑑意欲何爲童子乃以偈荅曰

諸佛大圓鑑　內外無瑕翳　兩人同得見
心眼皆相似
父母以其與大士應對有異遂使之出家難
提受之攜還精舍會衆與受具戒即命其名
曰伽耶舍多他日風撼其殿之銅鈴鐺然發
聲復問舍多曰鈴鳴乎風鳴耶荅曰非風非

鈴我心鳴耳又曰我心誰乎荅曰俱寂靜故
大士曰善哉妙會佛理宜説法要嗣吾道者
非子而誰尋付大法眼乃説偈曰
心地本無生　因地從緣起　緣種不相妨
花果亦復爾
巳而舉右手攀木而化其時當此漢孝昭帝

之世也其衆議曰大士滅度於茂木之下其亦垂蔭於後裔乎或者欲遷於高原而闍維之雖盡力舉之終不能動遂即其處而焚之斂舍利復塔于彼

天竺第十八祖伽耶舍多大士傳

伽耶舍多者摩提國人也姓鬱頭藍氏父曰

天蓋母曰方聖初方聖得孕之時夢有人持一寶鑑而嚮之曰我來也及寤覺體暢於平日然其室即有異香祥光數現方七日而誕大士其體瑩然若淨琉璃生十二歲不浴而常潔每以閑寂自處或與人語言必高勝其家本居寶落迦山及生大士乃有紫雲蓋之

初僧伽難提來其家相求大士因而師之尋得付法遂往化於月支國先是其國有婆羅門曰鳩摩羅多家有一犬而食息偏處其舍之簷下霖潦漬濕未始暫離如此十載雖苦驅亦不之去羅多疑訝欲得所決當時羅多年方三十意氣勇壯不顧有果報唯外道自

然之説樂聞而師之尋以問其所師梵志曰此大者何以而然梵志曰大之心自好而然非因緣也羅多復曰我夜嘗夢一金日其明赫然照曜天地而我與梵志方在暗室其日之光忽來燭之我之身即如琉璃徐有無數螻蟻周而食之師之體則洗然無物斯何自

而然幸師原之梵志亦以自然說之皆無所驗羅多疑旣不決遂曰非適人意也皆謂自然何異夢而說夢若別遇智者能爲解釋我願師之即絶梵志而還當此大士儀見有異氣起即座而謂其衆曰今所見者大乘之氣也復釋之曰氣如金環其事必圓氣若玉璫

菩薩在旁今氣類瑞其下必有聖人焉然佛亦記曰吾滅之後後五百年間當有菩薩現月支國其後復出一大士於此天竺國繼世爲二十祖今之此瑞必其應也尋率衆往其氣所至是少頃果有婆羅門者狀類三十許人來問侍者曰此師何人侍者曰此佛弟子

也婆羅門即返閉户大士曰適氣乃驗在此
家遂叩其扉内有應曰此舍無人大士曰荅
無者誰鳩摩羅多以外語有異疑必智者思
求决前事乃開户内之遜大士坐其主榻盛
列供養因以大事問之曰若智者所説解我
疑心即師事之大士曰吾説若有所驗汝實

如其言乎曰不妄大士遂爲辨之曰此犬者是汝之父以有微業乃墮畜中昔汝父先以黃金千鋌貯於器中而竊埋簷下及其死會汝不在未得所付今故戀此若汝取之是犬必去羅多命工發掘果然得金其犬即去羅多信之乃慕佛法復以昔夢聞之大士亦爲

原之曰汝夢日者蓋佛日也照曜天地者度二衆也二人處暗室者心未明了也日光照身者出無明宅也身如琉璃者汝所清淨也彼體無物者自利一身非能度他也蟻食汝身者必衆知識之所湊泊食汝法味也羅多以二事皆決意大廓然益加歎伏遂逆師之出

家擔專給侍然大士以其道力夙充雖列之弟子獨器異之故命聖衆與受具戒欲速其證果後果命曰昔如來以大法眼付之迦葉乃至於我我今用傳於汝汝受吾教聽是偈曰

有種生心地　因縁能發萌　於縁不相礙

當生生不生

鳩摩羅多敬奉其命拜受勤至大士即座超身作一十八變乃趣大寂用三昧火於空中而自焚之雨舍利繽紛而下四衆接之隨處各建窣堵波而供養之其時當此漢孝成帝之世也

天竺第十九祖鳩摩羅多大士傳

鳩摩羅多者月支國人也姓婆羅門氏往世嘗生於梵天洎以貪愛菩薩瓔珞乃墮于欲界他天於彼爲一天人說佛知見彼天人因之證遂成初果以故得其天衆尊爲導師其時適有天玉女來禮其法會會之衆有千二

百人未之成果輒起情愛故相牽累亦其紹祖之冥數適至復示今之所生然其天女亦墮偕生此國爲梵志氏初大士之家巨富金寶不可勝數而其父貪悋不知紀極會其國有羅漢曰海勝者往在彼天得大士說法乃證今果至此思報其往德恐大士汩沒於俗

富故從之乞金寶欲導而出之遂至其家適
見大士爲童即語之曰汝能施我之金當得
福利大士曰我方十五未専家事雖父不在
俟聞於母遂以告其母母從其所施大士遂
以金一斤施之羅漢壽爲記曰更十五年汝
當遇善薩得證聖道然小有難亦折大業及

其父還大士以此建白父怒笞之一百其父既死大士亦得決所疑於伽耶舍多即伏膺為師尋領傳法後行教化至中天竺國會一智士曰闍夜多先此客遊輒來禮之而致問曰我家父母素敬三寶如法修行而乃多疾病所縈不遂我鄰之人完暴殺害作惡日甚

而其身康寧所求如意善惡報應豈非虛誕乎我甚惑此願仁者一爲決之大士曰佛說業通三世者蓋以前世所作善業而報在此生此生苟爲不善則應在來世故人有此生雖爲善而不得其福者前惡之報勝也今世雖作惡而不受其殃者前善之勝也苟以今

生非得福報復務爲善而來世益墮惡趣也苟以此世得其福報復務爲惡而來世益得善趣也又前世爲善其德方半而改志爲惡及此生也先福而後禍此生爲惡其事方半而變行爲善及來世也先禍而後福適今汝父與汝之隣其善惡之應不以類至蓋先業

而致然也豈可以一世求之耶夜多聞其説頓解所疑大士復曰汝雖已信三世之業而未明業從惑生惑因識有識依不覺不覺依心然心本清淨無生滅無造作無報應無勝負寂寂然靈靈然汝若父此法門可同諸佛一切善惡有爲無爲皆如夢幻夜多承其言

即發宿慧遂求出家大士曰汝何許人父母在乎誠欲入道可返汝國白之父母得志却來未晚夜多曰我國北印度也去之三千餘里豈宜却來願屈仁者就之供養因得度脫大士曰我往雖遠不難汝何以去夜多曰我有小術亦可從之少須而至大士曰何術曰

教兄闍夜摩先爲比丘於國嘗主俱那含佛塔得其塔前未訶木子然此神物用之塗足須臾可以致遠欲止則以其葉拭去塗油足乃不舉大士從用其法與之偕去詣禮其塔佛即放光徧照其衆夜多旣聞父母即就剃度於佛塔之前會聖僧與之受戒大士乃爲

說偈曰

此佛放光明　亦度於汝相　汝已得解脱

諸衆亦當然

尋命夜多曰佛昔嘗記汝當爲二十世祖今

如來大法眼藏乃以付汝汝善傳持聽吾偈

曰

性上本無生　爲對求人說　於法既無得
何懷決不決
復曰此偈蓋妙音如來見性清淨之說汝宜
受持夜多再禮奉敎大士即其座上以指爪
剺面如紅蓮開出大光明照曜四衆乃趣寂
滅其時當此王莽新室之世也闍夜多即其

處建塔而供養之

天竺第二十祖闍夜多大士傳

闍夜多者北天竺國人也未詳其姓氏素有道識慕過妙理初客遊中印度會鳩摩羅多大士化於其國以所疑報應問之羅多爲說業通三世其事既明因求之出家羅多不即

許與之歸本國使白其父毋方度爲比丘羅多知其眞大法器復以佛所授記遂以法付之既而大士歷化諸國至羅閱城而其國素多道衆聞大士來皆趨從之先是其衆之首者曰婆修盤頭修行精至晝夜不卧六時禮佛糞衣一飡而淡然無所欲其徒甚以此尊

之大士即謂彼衆曰汝此頭陁苦修梵行可得佛道乎曰是上人者如此精進豈不得道大士曰是人與道遠矣縱其苦行歷劫適資妄本豈能證耶曰仁者何蘊而相少吾師大士曰我不求道亦不顛倒我不禮佛亦不輕慢我不長坐亦不懈怠我不一食亦不雜食

我不知足亦不貪欲盤頭聞其說忻然乃述偈而讚曰

稽首三昧尊　不求於佛道　不禮亦不慢
心不生顛倒　不坐不懈怠　但食無所好
雖緩而不遲　雖急而不躁　我今遇至尊
和南依佛教

大士復謂衆曰此頭陁者非法輩所並彼於往劫修常不輕行而致然也適吾抑之蓋以其趣道心切恐其如絃甚急必絶故吾不即讃之欲其趣無所得住安樂地尋謂槃頭曰吾言相逆汝得不動心乎槃頭曰何敢動乎我念前之七世生安樂國以務道故嘗事智

者月淨而其人謂我曰汝非久當證斯陁含果宜勤精進夫修行譬若昇天必慕漸上不可退之苟有所墮而復上益難其時我年已八十扶杖不能發適會大光明菩薩 出世我欲禮之乃詣其精舍事已而月淨俄來相責曰咄哉汝何輕父而重子吾眎視汝將得

證果今已失之我時自以無咎不伏其語即問月淨示其所過月淨曰汝適禮大光安得以杖倚畫佛之面汝以坐此故退果位我熟思之實如其言此後凡有所聞不復不信縱彼惡語猶風度耳況今尊者以正法見教豈宜悔吝大士尋命之曰如來大法眼藏今以

付汝汝冝傳布勿令其絶聽吾偈曰

言下合無生　同於法界性　若能如是解

通達事理竟

婆修盤頭禮以受命大士於其座上即以首倒植象婆羅樹枝奄然而化衆欲正之爲其闍維雖百千人共舉終不能動又諸羅漢同

以神力舉之亦不能動大衆遂炷香祝之其體乃自傾委焚已歛舍利衆建浮圖以供養之其時當此後漢孝明帝之世也

評曰是大士者反植而化何其異乎曰聖人逆順皆得故其神而為之不可以常道求

傳法正宗記卷第三

傳法正宗記卷第四

藤州東山沙門釋　契嵩　編修

天竺第二十一祖婆修盤頭大士傳

天竺第二十二祖摩拏羅大士傳

天竺第二十三祖鶴勒那大士傳

天竺第二十四祖師子尊者傳

卍

天竺第二十五祖婆舍斯多尊者傳

天竺第二十一祖婆修盤頭大士傳

婆修盤頭者羅閱國人也姓毗舍佉氏父曰光蓋母曰嚴一大士與其弟偕生俱有瑞事而大士尤勝初光蓋以家巨富而未始有嗣與妻嚴一謀偕往求子於城北佛塔既禱之

其夕嚴一果夢二珠一長明一或明或晦皆得吞之即覺有娠後七日會有羅漢比丘賢衆者至其家曰我自他國尋異氣至此汝家謂誰光蓋即延之與其妻俱拜賢衆獨避嚴一而不當其禮夫竊恠曰鄙哉比丘禮不讓丈夫而恭女子佯施寶珠欲驗其識量賢衆

皆受之亦不辭讓光蓋見其不動如初遂以實問之曰尊者不讓我丈夫之禮而避婦人何耶賢衆曰我以汝凡夫當汝之禮受其所施欲資汝福耳汝妻方孕菩薩乃上乘法器其將出世號婆修盤頭者其所度之人如我輩無量我故避之非重女人也光蓋即謝之

曰尊者聖人也能知未然賢衆復曰復有一子與其同孕者夙曰薊尼嘗爲野鵲往於雪山巢如來頂尋以遇佛之緣生爲那提國王及如來至其國爲説夙因復記曰吾滅之後後五百年外汝却生羅閱城毗舍佉家與聖者婆修盤頭同胎彼聖者乃賢劫二十一世

之祖師也其人復出聖第子號大力尊者那
提王稱幸遂以寶蓋獻之佛復記曰泆後以
會此菩薩得生忉利天也王乃說偈讚歎其
後嚴一果誕二子而大士先之在襁褓令淑
易育不類凡孺稍長其志超然高勝年十五
求從光度羅漢出家毗婆訶菩薩爲之受戒

乃慕飲光專以杜多行自修故時人高之號爲徧行頭陀尋會闍夜多大士激發大慧乃得付法因歷化諸方至那提國初其國素多惡象爲害而物不聊生及其王號常自在生二子長曰摩訶羅其年四十次曰摩拏羅其年三十嘗拏羅三十載而象害遂弭國人安

之然皆不知其所賴至大士入其國王請供
於宮中因問曰弊國風俗曷若羅閱城之淳
美耶大士曰羅閱昔有三佛德庇而此國適
有二賢福之王曰二賢誰耶曰昔佛記云吾
滅後又後五百歲後那提國王姓刹帝利號
多滿有子曰摩拏羅得大神力勝十那羅延

此其一也其二則吾亦與焉未幾俄有使入奏曰有象巨萬將逼國城王憂之以問盤頭曰此何以禦之大士曰不須用兵但命王子拏羅當之其難自解王曰可乎曰此子非直滅巨萬之象益多益可遂命拏羅出其城之南拏羅乃嚮象撫其腹發聲大喝雖城廬爲

之動羣象即仆地不能興少時皆馳去至是而國人方知三十年所安乃其庇也不以子道勝遂大奇之謂大士曰此子佛昔所記亦其神通之力非俗可留願尊者受之出家大士亦謂此非我爲師後莫能度者即命聖衆於王宮與摩拏羅落髮受戒拏羅得度忻然

乃以偈讚曰
爲摧百萬象　鼓腹作神通　一切諸宮殿
無不震動者　遇師方便力　而得度脫我
稽首辭父母　而出於愛火
大士將之他國乃告王曰我來所求法器耳
今已度至人吾即往矣王不須留遂與摩拏

羅去之後乃命摩拏羅曰如來大法眼今悉付汝汝其傳持聽吾偈曰

泡幻同無礙　云何不悟了　達法在其中
非今亦非古

大士付法已即座超身高半由旬凝然而居四衆遽告曰我輩欲奉舍利願尊者無爲神

化乃頹然復其座而滅焚已衆斂舍利建寶塔而供養之其時當後漢孝安帝之世也

天竺第二十二祖摩拏羅大士傳

摩拏羅尊者那提國人也姓刹帝利父曰常自在其國之王也拏羅即其次子生有異迹父不敢以俗拘之遂命師盤頭出家戒已尋

得付法遊化抄至西天竺國其王曰瞿曇得
慶崇佛常自持金蓮花供養顛遇聖人以知
其前後世事七年行道於宮中一日餓有佛
塔高一尺四寸出其行道之地其色青玄四
面皆有像似前示尸毗王割股救鴿後示慈
力王剜身燃燈左示薩埵太子投崖飼虎右

示月光王捐捨寶首得度異之即舉不動左右助之至命衆力士皆不能舉尋集其國之智者共辨欲啚遷之是時大士與會讓其國善呪者先之呪者作法即能起王鎮殿銀山次以法欲振其塔方三唱塔末稍摇而其體已損遷狂走雖力士不能駐大士出衆謂王

曰此不足驚徐臨其殿軒呼狂者曰汝住其人即趨大士自悔其過王見大士即止其狂遂問曰尊者何法乃能致然大士曰佛法也王曰願聞佛法其可學乎曰佛法者能具七事去三物乃可學之王曰事物何者耶曰一去貪二去愛三去癡一具大慈二具歡喜三

具無我四具勇猛五具饒益六具降魔七具無證人所以得其明了不明了皆由有無此三七者也王今苟能去三具七於前後際如覩諸掌成菩提登佛地豈遠乎哉王稱善必求聞佛塔之所以大士復讓大衆衆皆曰唯尊者言之不必遜也大士迺曰是塔蓋昔者

阿育王所作八萬四千七寶之塔以祕我釋迦如來之舍利此其一也引阿育爲塔之故事云云備如諸經復謂王曰祕每置一塔其地必賢聖成道入滅之所也今之宮苑蓋昔有比丘波羅迦者嘗此證果故塔出之亦王修德之所致也王聞其事遂大感悟慨聞道

之晚即命太子傳國乃求師大士出家大士以其勢不可沮即度之炷香祝曰今西印土天子從佛出家願衆聖幽賛使其速至聖道空中尋有報曰汝度是王不必慮也更後七日當得第四果如期初有風雨暴至宮殿肅然人皆恐引去王端坐至日停午怳然若夢

俄見有人引手極長持異果與之噉及醒其心大明巳成阿羅漢道即以三昧將去其宫乃謂大士曰我未證時自大此國豈信有佛土之廣今得大觀却視舊地昌異蟻垤之微然此閻浮提亦如一食器間耳雖有三千餘國而其品不等上國者若干中國者若干下

國者若干然其上之國復有三品而中下者亦如之若真修行盡能隨心生之於是大士告別得度曰我將他適訪大法器得度曰尊者神通不測於此自可接之何必躬往大士即焚寶香玄語曰鶴勒那汝當證道其時適至汝知之乎初鶴勒那比丘於月支國九白

棲一林間以誦大品般若爲業感羣鶴依之適值其國王寶印命齋於宮中方坐俄有香煙飄然至前問王識乎王曰天香耶鶴勒曰不然此西印土摩拏羅尊者所示信也然是尊者乃那提王子昔爲婆羅樹王佛與釋迦如來所記於此賢劫當爲二十二世法祖其

化人無量王宜相從西嚮禮之而大士即以手三點於地衆羅漢問其何以然曰適鶴勒那於月支王宮致禮此故荅之遂謂衆曰吾即欲至彼汝得神通者悉宜從往遂與其衆乘虛趣月支國是時鶴勒那率其王各駕寶象列御仗遠出迎之尋與大士俱還其宮鶴

勒先以其弟子龍子者問之曰此子才辯冠世我嘗以三昧觀其風習而終不能見尊者以謂何如大士曰汝以三昧觀得幾劫鶴勒曰我止三世曰此子功德非唯三世第五滅劫已於妙喜國生婆羅門家時會其國有佛伽藍新成大鐘是子曾以旃檀爲梃助其聲

擊彼爲鍾者已得菩提而此報之聰明鶴勤敬其說即欲事之復問曰我雖感群鶴相依未始識其何緣大士曰汝昔第四劫時嘗爲比丘道德已充凡有五百弟子每遇龍宮命汝供養汝以其皆未勝龍食常不與俱往彼弟子怪曰師說法則曰於食若等於法亦等

今乃獨往食耶及後命必從汝赴當時以汝德蔭無患及汝滅彼亦漸終坐是濫食皆報爲羽族然已五劫乃今轉受此鶴蓋昔師弟子緣之所牽故復此會鶴勒那大感遂曰此宜修何法資其復於人耶大士因告之曰我有無上法寶是如來藏世尊昔付大迦葉展

轉至我我今付汝汝能傳之大絶彼鶴之衆亦資以解脫汝受吾教聽其偈曰
心隨萬境轉　轉處實能幽　隨流認得性無喜復無憂
鶴勒那忻然敬奉傳法大士即騰身太虚呈一十八變返座指地發一神泉復說偈曰

心地清淨泉　能潤於一切　從地而涌出
徧濟于方世
已而洎然寂滅四衆闍維之斂舍利建塔供
養是時當此後漢孝桓帝之世也
天竺第二十三祖鶴勒那大士傳
鶴勒那者月支國人也姓婆羅門氏父曰千

勝母曰金光祔千勝以未有嗣子詣其國之七佛真幢求之還謂其婦曰我已求子於七佛幢也是夕金光遂夢有童子臨須彌山手持玉環謂金光曰我來也尋覺有娠他日忽有異僧來其舍謂金光曰護汝孕慎勿汙之金光曰潔身已十月矣因問僧曰此若生子

有福德乎僧曰是當生男子也然其於第四劫時已能爲龍宫說法故佛嘗記之謂其將爲大法祖及誕大士天即雨花地出金錢國人瑞之以聞其王王乃取子使乳於宫中宫嬪百千争欲育之子即能分身各爲其一子王神之然莫辨其正子遂語曰我無儲嗣育

汝欲以爲太子適變多身我甚惑之汝果得
通當復神化未爾則終爲千子言已其子放
光忽然失之尋見於父母家及七歲會其國
人淫祀拘羅神爲之歎曰三界微劣寡得正
法之人而邪魅恣作因詣之其廟貌即隳年
一十遂從羅漢比丘出家受戒於其山初其

師使尊誦大品般若如此者三十年後棲月支之林間感羣鶴依之以故加今之號晚遇摩拏羅於王宫得其付法始務遊化及至中天竺國會其國王曰無畏海者先夢月照其身臣爲原曰非久當有賢聖來應此夢王即以告四門及大士之至司門者奏之王遽以

法杖出迎還宮禮於正殿方坐俄有二緋素
衣人前拜鶴勒王默駭此何人不挹王者大
士知之謂王曰此日月天子非人也以吾至
是故來致禮王曰何以識之曰吾往劫嘗與
其說法因之得生於日月宮少頃其人忽隱
唯異香久薰王因問曰若此日月國土凡有

幾何大士曰忍土日月山王允有百億而四天之下約有四千八國然其大小不等王曰是國土者一時有耶有前後乎曰此隨前後三劫而有無耳王曰三劫者依何所而有之曰三劫依六冥而有之王曰何爲六冥曰上下二氣四維相合謂之六冥六冥之間三劫

相更其初乃有主其人者曰田主田主之後
而國土益分然其生於六冥之間而壽亦有
品有萬歲者有千歲者有百歲者有夭有不
夭者報既不等而形類亦別雖儒童迦葉二
菩薩亦不能悉知我適約說猶滿城芥子而
方探一粒王聞益自小其見大士尋出王宮

始大士有弟子曰龍子者天亡其父母與兄師子比丘皆來將遷殯其喪而衆舉不動兄怪之問大士曰衆盡力舉之何以不動曰過自汝也師子曰何過願聞其所以曰汝初師婆羅門僧出家以去汝第二年日夜相憶乃欲營福資之遂告汝師塑一佛像以之工未

加飾汝惡之遂投於地而復爲之汝今但去
收其棄像此喪必舉師子如其言復來弟喪
果舉及婆羅門師死師子以大士言驗復求
師之初問曰我欲求道當何用心大士曰汝
若求道無所用心曰既無用心争作佛事曰
汝若有用即非功德汝若無作即是佛事故

經云我所作功德而無我所作師子聞法即解乃趣於弟子之列時其徒或從而問曰師以無我所修行而得此宿命是必知我之衆有無福業願聞其說大士即指東北謂之曰見此乎衆曰不見曰此麄相尚不能見況其微妙功德耶師子前之曰我適見矣大士曰

汝何見耶曰我見異氣皎如白虹貫乎天地復有黑氣五路橫布其前類忉利天梯大士曰汝見是氣知其應乎曰所應未之知也唯師言之大士曰我滅之後五十年末難興于北天竺汝當知之師子因告曰我將遊方敢請教於尊者大士曰吾今老矣涅槃即至此

如來大法眼藏悉以付汝汝往他國然其國有難而累在汝躬慎早付受無令斷絶聽吾偈曰

認得心地時　不說不思議　了了無可得
得時不說知

付法已大士即騰身太虛作一十八變復其

座寂然遷化四衆闍維已將分去其舍利務各塔之大士復現而說偈曰

一法一切法　一法一切攝　吾身非有無

何分一切塔

衆即合一浮圖而供養之其時當此後漢孝獻帝之世也

天竺第二十四祖師子尊者傳

師子尊者中天竺國人也姓婆羅門氏素聰晤有出世智辯少依婆羅門僧出家習定晚師鶴勒那尋得付法往化於罽賓國初其國有沙門曰婆黎迦者專習小乘禪觀黎迦之後其徒承其法者遂分為五家學有曰禪定

者有曰知見者有曰執相者有曰捨相者有曰持不語者然競以其能相勝尊者皆往正之首謂持不語者曰佛教勸演般若孰爲不語而反佛說耶次謂捨相者曰佛教威儀具足梵行清白豈捨相耶次謂執相者曰佛土清浄自在無著何執相耶次謂知見者曰諸

佛知見無所得故此法微妙覺聞不及無爲無相何知見耶然四者之衆皆服其教其五樺觀之衆爲其首者曰達磨達䟫有知識衆皆尊之以前四衆之屈憤然不甘遂造尊者欲相問難始至尊者問曰仁者習定何乃來此若此來也何嘗習定荅曰我來此處心亦

不亂定隨人習豈在處所又曰仁者之來其習亦至既無處所豈在人習荅曰定習人故非人習定我雖去來其定常習又曰人非習定定習人故當自來去其定誰習荅曰如淨明珠內外無翳定若通達乃當如此又曰定若通達必似明珠今見仁者非非珠所類荅曰

其珠明徹内外悉定我心不亂循若是珠又曰其珠無内外仁者何能定穢物非動揺此定不是淨達磨達義亟遂禮之曰我於學道蓋虛勞耳非聞斯言幾不知至尊者當容我師之尊者固遜而其請不已乃謂之曰諸佛禪定無有所得諸佛覺道無有所證無得無

證是真解脫酬因荅果世之業報而此法之中悉不如是汝若習定乃當然也達磨達忻然奉教未幾其國有一長者子曰斯多年僅二十其左手常若握物而未始輒開一夕其父夢神人令送師子毉之父明日遂携子從尊者求驗其夢然先自心計果得此子病愈

當恣之出家而尊者方患久於是國而其法未得所傳一朝而長者父子偕至以其手與蔓闍於尊者禮之願即受其出家尊者乃謂衆曰此子手所握者汝等知之乎衆皆罔測復曰此之所持乃一寶珠耳蓋我先世於一國土嘗爲比丘以誦龍王經爲業其時此子

已從我出家號婆舍者一日會龍宮請我供之以珠爲儭時此子從往因付其掌之及我終彼而生此其師資緣業未絕所以復有今會即命斯多展手其珠果爛然在掌於是尊者即爲剃度會聖衆與受具戒謂之曰汝之前身出家已號婆舍而今復然宜以兼之即

名婆舍斯多適觀此國將加難於我然我衰老豈更苟免而我所傳如來之大法眼今以付汝汝宜奉之即去自務傳化或遇疑者即持我僧伽梨衣爲之信驗聽吾偈曰

正說知見時　知見俱是心　當心即知見
知見即于今

婆舍斯多奉命即日去之居無何其國果有兄弟二人者兄曰魔目多弟曰都落遮相與隱山學外道法一旦都落遮所學先成謂其兄曰我將竊入王宮作法殺王以奪其國兄曰汝無悞事致累吾族及落遮入宮遂易其徒皆爲僧形計其事集則自顯不爾則歸罪

沙門既作其法無効爲國擒之兵者果以沙門奏之王大怒曰我素重佛其人何以爲此大逆遂斥教盡誅沙門尊者即謂其衆曰王今不利我等汝宜遠避其徒欲奉尊者隱之尊者曰吾見蘊空復何逃乎其王彌羅崛果杖劍毅然詣尊者而問曰師得無相法耶曰

得王曰既得生死有懼乎荅曰已離生死何有懼也王曰不懼可施我頭耶曰身非我有豈況於頭王即斬之尊者首墜其白乳湧高丈許然王之右臂即截然自絶尋病七日而死方王疾時其太子曰光首者憂之大募方士圖爲父悔謝俄有仙者自象白山至謂光

首曰此夙對不必憂也太子前之曰願聞夙事仙者曰前今數世汝父嘗生此國爲白衣者然其爲人賢善好重佛道一日糺衆爲無遮齋時師子前身亦爲白衣來與其會當時師子聰明有辯愽凡與人論未始輒屈是日乃以佛法發問汝父白衣其白衣雖應對中

理而師子白衣心欲勝之輒横發難勢既紛紜其義遂屈以故憤恨尋竊使持毒藥以斃汝父白衣雖其先歷多世而冥數未至事故不作今其緣業相會汝父王所以横殺師子太子其憂稍解後乃塔師子比丘遺骸其被害時當此前魏廢帝齊王曹芳之世也

評曰傳付法以何驗乎曰以聖人驗之唯聖人故能玄知今師子德能爲祖自謂則曰已得蘊空此其爲聖人亦至矣豈無玄知乎文鶴勒那嘗以難語之勉其傳道此可不傳付法乎他傳（付法藏傳也）能知其臨刑湧之白乳而乃曰相傳法人於此便絕何不思而妄書乎

其安驗於禪經

天竺第二十五祖婆舍斯多尊者傳

婆舍斯多者罽賓國人也姓婆羅門氏亦號婆羅多羅亦號婆羅多那父曰寂行母曰常安樂初常安樂夢人授之寶劒因孕尊者此後室有異香天數雨花其家及誕拳其左手

常若握物至年十一有異僧來其舍謂寂行曰此子年至二十當得大法寶其手所握示得發明言已僧忽不見及尊者勝冠父寂行携詣師子尊者辨其夙緣即恣從師子出家因加今名既爲沙門而師子方老又其夙累密邇乃以法付之苦令其去國尊者從命即

日去之初至中天竺國其王曰迦勝逆而禮之先是其國有爲外道者號無我恃其術頗訾佛法王常不平至此命尊者抑之及會外道者要之默論欲不以言尊者詰之曰若不以言爭辨勝負外道曰不爭勝負但取其義尊者曰何者名義外道曰無心爲義尊者曰

汝既無心 安得義乎外道曰我說無心當名
非義尊者曰汝說非心當名無義我說非心
當義非名外道復曰當義非名誰能辨義尊
者曰汝當名非義此名何名外道曰爲辨非
義是無名 名尊者曰名既非名義亦非義辨
者是誰當辨何物如此凡五十餘反外道詞

尫遂伏之時王宮殿俄有異香酷烈尊者肅然曰此吾師謝矣其信適至遂北面作禮尋謂王曰我始去師計往南印土今此久留豈辭師之意遽别王將去王曰尊者少留容有所請今余苑中有泉熱不可掭其涯之石夜則發光雖甚怪之終不知其然願爲決之尊

者曰此爲湯泉有三緣所致其一神業其二鬼業其三熱石熱石者其色如金其性常炎故其出泉如湯鬼業者謂其鬼方出罪所遊於人間以餘業力煎灼此泉以償其夙債神業者謂神不守其道妄作禍福以取饗祀惡業貫盈冥罰役之亦使煎灼此泉以償濫祭

王曰幸尊者驗之三緣此果何者而致之尊
者曰此神業所致也即命爇香臨泉爲其儀
悔須臾瀨水現一長人前禮尊者曰我有微
祐得遇尊者即生人中故來辭耳已而遂隱
後七日其水果清冷如常泉時中印之人以
其言有効乃以婆羅多那稱之及北天竺一聞

之復以婆羅多羅稱之然二國之所稱猶此
曰別業泉衆也尊者終告往於南天竺王躬
羅御仗以送之既至南印其王曰天德者亦
遵而禮之初王有子奉佛頗如法爲其功德
然病且經年王因以問尊者曰吾子奉佛作
善而乃得久疾善惡報應將如之何尊者謂

王曰王子之疾誠功德之所發也然此理幽遠王其善聽佛謂人有重業在躬猶內病已深藥不能攻將死其病益作病之在淺遇藥即動動而後較重業亦然雖有功德無如之何及其死矣業報益現業之輕也資於功德其報即現後乃清淨今王之子爲善久疾必

其所為功德發此微業適雖小苦後當永寧經不云乎於三惡道中若應受業報願得今身償不入惡道受王何疑乎王信其說復為營福其疾果愈然其國先有呪師曰靈通者王所信重及此乃嫉斯多謀以毒藥中之藥不能害復以術較術益不勝以是深銜之時

尊者去王之宮化於他部已十六年會王天德崩後王德勝即位尤好呪者之說呪者因讒之謂其王曰婆舍斯多非師子弟子豈有道耶請王試之王從其言時王太子曰不如蜜多者知其搆惡於尊者乃諍之曰婆舍斯多祖王所重前呪師不能害尋亦自斃其道

甚至國家不須試之王怒謂太子黨於斯多
遂因之一日果召尊者御正殿而問之曰我
國不容邪法師之所學乃是何宗斯多對曰
我所學者佛法之正宗也王曰佛滅已過於
千歲而汝安得之尊者曰自釋迦如來傳法
更二十四世至于吾師師子我適所得蓋承

於師子比丘也王曰師子戮死安得以法相
傳果爾亦何以爲信尊者曰吾師授我傳法
僧伽棃在焉即進於王王初不然遂命焚而
驗之火方熾邊有異光自其衣而發掩於世
火祥雲覆之天香馥郁及燼而僧伽棃如故
王大信乃盡禮於尊者其僧伽棃衣王即請

之遂詔出其太子初不如蜜多被囚左右不得以時進膳飢渴之甚方慮死在旦夕俄有白乳一道自空而來注其口中味若甘露形神即寧因有所感竊自謂曰我若脫此當求出家少頃而赦命至太子見王謝已遂稱疾請免儲副乞從出家王詳其志不可奪許之

太子即詣尊者致弟子禮尊者曰父王聽乎曰俞又曰汝欲出家當爲何事曰我爲佛事尊者以其懇至尋爲度之當此地動月於晝現舉國皆驚王恐其不祥尊者告曰此非不祥勿憂也王曰吾聞月晝出日夜現此陰陽相反安得祥乎尊者曰晝而見月表遇聖人

夜而覩日表大暗皆明王憂遽解因謂尊者曰我亦夙有五疑今遇尊者聖智敢以問之一者往見地動或近或遠由何所致今日復爾同不同耶二者日月星宿何故隱現不時三者地産異物其應誰乎雲霓佳氣自地而作何人感召四者東西極望霞彩不定倏明

倏滅與其五者天色青紺其孰使然尊者無專佛法而不言世諦顧爲決之尊者曰三千大千百億日月皆佛境界而孰不可談豈有佛法世諦說不說耶王無爲是語然王之所疑皆有以也君其聽之夫世有佛出地則四震晝則現月夜則現日世有佛成道地則五

震日月增明世有佛涅槃地則六震日月皆晦世有菩薩出者地則三震晝則現月世有菩薩成道地則四震夜則現日世有菩薩滅度地則五震天之明星皆即曖昧世有羅漢出者地則一震晝則星現世有羅漢證果地則三震夜星皆明世有羅漢寂滅地則四振

夜星皆晦世有比丘二生不退學佛之道及其出世也地則一振若是比丘將證聖果地則二振若是比丘遷謝之時地則三振世有比丘三生不退學菩薩之道及其出世也地則半振此學比丘將證聖果地則一振此學比丘欲寂滅時地則二震世有比丘四生不

退學羅漢道者及其出世也衆星皆明此學比丘將證聖果地則半振此學比丘將入滅時地則一震世有人爲至孝者地則半振世有人作五逆者地亦半振是入者功德有大小而業有善惡隨其所感故地動有遠近日月隱顯東西霞氣不定其色者蓋須彌山之

東西二面隨日蔽虧故衆寶之色明滅不一天色紺青者亦須彌山之南面以吠瑠璃所成及其晴映故有是色夫天地人三者之瑞各有上中下三品其應現不同三曰天王品者何尊者曰感日上上瑞感月上中瑞感星上下瑞感其上上瑞者唯佛大聖人能之感

其上中瑞者唯菩薩其次聖人能之感其上下瑞者唯阿羅漢又其次聖人能之雲氣虹霓起於地者亦有上中下之三品也虹霓之氣上上瑞也唯君有道故能感之景雲五色上中瑞也唯臣有德乃能感之彩雲如蓋上下瑞也唯人有善乃能感之禽獸之瑞亦有

九品夫物有罕見於世而忽有之形非雌牝色如璧玉若麟龍之類者此上上瑞也物有本非白色而忽雪如若龜師子之類者此上中瑞也物有本非角者而忽角之色復如金此上下瑞也物有本非翼者而忽翼之色復如銀此中上瑞也物有本非鱗者而忽鱗之

色復皎如此中中瑞也其中下一說元古本脫落物有本色非紫者而忽紫之此下上瑞也物有其色非青非黃復不雌牝此下中瑞也物有本色非黑而忽緇之不必雌雄此下下瑞也草木之瑞亦有九品夫草木有本性堅正而益其秀異本色非白而忽皎如此上上瑞也草木

有性稍堅正本色非紫而忽紫之此上中瑞也草木有本非標秀而忽秀之此上下瑞也草木有花而不實而忽實之此中上瑞也草木以異本相接而生者此中中瑞也草木有忽變而生異花者此中下瑞也草木有忽生人之象似者此下上瑞也草木有忽發光者

此下中瑞也草木有忽生飛走之象者此下下瑞也夫釋迦佛化境若此祥瑞者無限殆不可紀然皆随世福力大小感召而出之王得其異聞前而加禮尊者謂王曰王子出家其所感若是誠大士也宜其繼我紹隆法寶不如蜜多尋亦證果即與蜜多還其前之化

所其後乃命曰吾老甚非久謝世昔如來大法眼藏今以付汝聽吾偈曰

聖人說知見　當境無是非　我今悟其性

無道亦無理

蜜多既受付法復告斯多曰尊者以祖師僧伽棃衣祕於王宮不蒙授之其何謂耶斯多

曰我昔傳衣　蓋先師遇難付法不顯用爲今之信驗汝適嗣我五天皆知何用衣爲但勤化導汝之已後者度人無量蜜多默然奉命已而尊者超身大虛作一十八變大放光明照耀天地即於空中化火自焚雖雨舍利而不墜于地大衆各以衣裓接之尋建浮圖合

而祕之其時當此東晉明帝之世也
評曰謂衣不焚不亦太神乎曰寶劍出乎良
治尚能變化不測而光貫星斗方士資乎世
術亦能入水不濡入火不焚況乎聖人之上
衣大法之勝器此可然乎能無曜乎其言地
動至乎雲日草木之祥瑞遠以業理求之至

哉宜異世俗五行之説

傳法正宗記卷第四

十八末

傳法正宗記卷第五　約五

藤州東山沙門　契嵩　編修

天竺第二十六祖不如蜜多尊者傳

天竺第二十七祖般若多羅尊者傳

天竺第二十八祖菩提達磨尊者傳上下

天竺第二十六祖不如蜜多尊者傳

不如蜜多尊者南天竺國人也姓刹帝利父曰德勝即其國之王蜜多蓋德勝之太子也誕時宮中有異香氤氳家人奇之然其天性淳懿少崇佛事初婆舍斯多道化其國尊者會事因稱疾乞免太子從斯多出家王聽斯多即宮中爲其剃度會彔僧受之具戒事見

於斯多傳尋從斯多出宮乃得付法其後遊化至東天竺國先是其國王剎帝堅固信重長爪外道梵志者及尊者入境外道之徒患之以告其師曰適知不如蜜多入國其人道勝恐吾黨不如宜先謀尓之外道即請從其王登高因西望謂王曰西有妖氣必魔入境

王見之乎王曰不見然則奈之何外道曰此魔所至家國必衰然為王計者不如誅之王曰未見其罪豈忍為乎外道復進其徒之善呪者曰其法能動天地此可以禦魔然尊者已知託以望氣先戒其衆曰我至此城必有小難汝輩勿驚及見王果詰曰師來何為尊

者曰我來欲度衆生曰當以何法度何類衆生曰隨其類而以法度之曰苟有術者師敢敵乎曰我佛法至正雖天魔不足降之安有妖術而不敢當耶外道輩聞其語益憤作法即化一大山凝空將壓尊者尊者遂以指按地地動五百外道皆不能立移山却臨其首

外道黨大懼尊者復按地地靜化山亦没外道皆羅禮悔過王亦謝之曰吾不識大士乃令螢火欲爭曜日月是時王新遷其都他日張大齋落之亦以慰外道欲尊者預會尊者初不奉命徐觀其地將陷即以神通往之王見曰師果來耶曰我非應供來欲有所救耳

王曰何救曰此地已爲龍之所有須臾當陷衆不便去必溺王恐急起其衆去之未遠至一高原反顧其地果陷淵然成湫王益敬竆多即嚴象駕命尊者偕還其故城因曰余五日之前嘗夢空中墜千金鎖垂至于地我即舉之今日之事非其應乎尊者亦謂王曰吾

昔將至此國嘗夢一奇童持寶蓋趨我之後
此必聖人出王所治以相繼傳法王曰下國
豈有至人耶曰王無謙是必應之先是其國
有婆羅門子幼無父母孑然放達自號瓔珞
閭里不能測其爲人一日遽發隱語曰神人
脚踏土會裏逢龍虎是日趣王來王便隨他

去自是出處益不常及王與尊者駕至其舊城之東此子特來迎之禮於駕前尊者語王曰所謂王國之聖士此其人也尊者即謂瓔珞曰汝記往事乎瓔珞曰我念昔同法會尊者演摩訶般若波羅蜜而我轉甚深脩多羅緣當復會故此相候蜜多謂王曰此子蓋大

勢至菩薩降迹爲吾嗣法然其後復出二大士其一先化南天竺而後緣在震旦然其九年却返本國尊者即爲之剃度謂瓔珞曰以前吾談般若汝說脩多羅致今復會便宜以般若多羅爲汝之名當此不如蜜多化導於東天竺逾六十年矣一旦遂命般若多羅而

告曰昔如來付大法眼藏展轉至我我今用傳於汝汝宜流通勿令其絕聽吾偈曰

眞性心地藏　無頭亦無尾　應緣而化物
方便呼爲智

付法已尊者告王曰荷國惠施寧不感之但其化緣殆盡不能久戀仁德吾將往矣王善

保之王泣下如喪所親尊者乃於王宮即座化形如日少頃復之呈一十八變以三昧火即自焚之雨金色舍利王後爲金塔以閟之其時當此東晉孝武帝之世也

天竺第二十七祖般若多羅尊者傳

般若多羅尊者東天竺國人也姓婆羅門氏

幼喪父母孑然匃食自養遊於閭里時人但
以瓔珞童子號之有命之役者不辭勞不論
直或問曰汝何姓曰我與汝同姓或曰汝行
何急曰汝行何緩人皆不測其然會其國王
堅固者與不如蜜多共駕還其故城尊者遂
東出趣其駕前自說昔緣至是尊者之迹大

顯蜜多即携至王宮他日爲之出家會勝僧
受之具戒而尊者之體即發異光未幾蜜多
果以法眼付之繼其遊化及尊者至南天竺
國其國王香至者詔禮於宮中以寶珠施之
初王有三子而其志各有所修其長曰月浄
多羅者好修念佛三昧其次曰功德多羅者

好修福業其次曰菩提多羅者好通佛理以出世爲務至是香至皆命出禮尊者尊者以三子皆好善意欲驗其智之遠近即以王所施珠使各辨之曰世復有加此珠乎其一月淨多羅曰此寶珠最上世無有勝之者也非吾王家孰能致之其二功德多羅亦如其說

其三菩提多羅曰此珠世寶未足爲上夫諸寶之中法寶爲上此是世光諸光之中智光爲上此是世明諸明之中心明爲上然此珠光明不能自照要假智光明辨於此既明辨此即知是珠既知是珠即明其寶若明其寶寶不自寶若辨其珠珠不自珠珠不自珠者

要假智珠而辨世珠寶不自寶者要假智寶而明法寶然則我師有道其寶即現衆生有道心寶亦然尊者嘉其才辨復問曰諸物之中何物無相曰於諸物中不起無相又問曰諸物之中何物最高曰於諸物中人我最高又問曰諸物之中何物最大曰於諸物中法

性最大尊者默喜謂是大法器必爲已嗣其後會父病旣亟輒以手覽空雖左右不能止菩提多羅因以問尊者曰吾父務善興福乎若未有如其爲心者今感疾恍惚手覽虚空恐非善終何其報之相反耶我甚惑此尊者果能釋之願從出家尊者曰此其業之所應

也然物皆有業雖三乘聖人亦不能免之但其業有善惡耳佛謂人有爲善之至及其終也報當生天則天光下垂如引輕綵欲其終者覽之而神隨以上征其光或五色互發者蓋表其所嚮乃何天界也今汝父手有所覽是亦報生天上也亦其爲善之明効非不令

終然當其大漸將有天樂異花應之尋如其言及王崩二子方甚號慟而菩提多羅獨於喪所端然默坐終朝不興其二兄怪之以問尊者尊者曰此子入定將有所觀七日當自起勿驚及菩提多羅定起謂二兄曰我欲觀父何往而他無所覩但見一日明照天地其

父殯已菩提多羅果告二兄求從尊者出家尊者知其道緣純熟勢不可沮遂當其師乃爲安其法名父之遂以法而付囑曰如來大法眼藏展轉而今付於汝汝善傳之無使斷絕聽吾偈曰

心地生諸種　因事復生理　果滿菩提圓

花開世界起

已而般若多羅於其座展左右手各放五色祥光七十餘道尋超身高七多羅樹即以化火自焚雨舍利不可勝數四衆歛之與其國之王月淨建浮圖而閟之是時當此宋孝武帝之世也以達磨六十七年後方東來筭之當在宋孝建元年甲午也

評曰出三藏記所謂不若多羅而此曰般若多羅又謂弗若蜜多而此曰不如蜜多何其異耶曰此但梵音小轉蓋譯有楚夏耳然般若多羅於諸祖獨多識語而後頗驗之豈非以法自其後而大盛於中國欲有所誌耶將示聖人之心其所知遠乎

天竺第二十八祖菩提達磨尊者傳上

菩提達磨尊者南天竺國人也姓剎帝利初名菩提多羅亦號達磨多羅父曰香至蓋其國之王達磨即王之第三子也生而天性高勝卓然不羣諸子雖處家已能趣佛理及般若多羅說法王宮乃得相見尋荅般若問珠

之義才辯清發稱有理趣般若奇之默許其法器及父厭代遂辭諸兄從般若出家曰我素不顧國位欲以法利物然未得其師久有所待今遇尊者出家决矣願悲智見容般若受其禮爲之剃度曰汝先入定蓋在日光三昧耳汝於諸法已得通量今宜以菩提達磨

爲汝之名會聖僧與受具戒當此其地三震月明晝現尊者尋亦成果自此其國俗因以達磨多羅稱之亦曰菩提王子遂事其師更四十餘載而般若乃以法付之益囑尊者曰汝且化此國後於震旦當有大因緣然須我滅後六十七載乃可東之汝若速往恐衰於

日下尊者既稟其命復問般若曰若我東往其國千載之下頗有難耶得大法器繼吾道乎般若多羅曰法之所往其趣法者繁若稻麻竹葦不可勝數然其國當我滅後六十餘載必有難作水中文布善自降之然汝至彼南方不可即住蓋其天王方好有為恐不汝

信聽吾偈曰

路行跨水復逢羊　獨自棲棲暗渡江
日下可憐雙象馬　二株嫩桂九昌昌

等者又問曰過此已往可得聞乎又曰吾滅之後一百五歲其後有小難又說偈曰

心中雖吉外頭凶　川下僧房名不中

為遇毒龍生武子　忽逢小鼠寂無窮

又問曰此後復有事乎曰吾滅後一百六十年末復有小難蓋父子繼作其勢非久可三五稔耳又說偈曰

路上忽逢深處水　等閑見虎又逢猪

小小牛兒雖有角　青溪龍出總須輸

又問曰所謂法器菩薩此後出乎般若又說

偈曰

震旦雖闊無別路　要假姪孫脚下行

金雞解啣一顆米　供養十方羅漢僧

復曰此吾滅後三百三十載乃應之也又問

曰此後佛法中頗有明斯意而善分別者耶

曰吾滅後三百八十年間乃有比丘暗學而明用又説偈曰

八月商尊飛有聲　巨福來祥鳥不驚
懷抱一雞重赴會　手把龍蛇在兩楹

又偈曰

寄公席帽權時脱　文字之中暫小形

東海象歸披右服　二廄蒙恩揔不輕

又偈曰

日月並行君不動　郎無冠子上山行

更惠一峯添翠岫　王教人識始知名

復曰大器當現逢雲即登吾何憂乎尊者又

問曰然此人之後復有難乎曰吾滅後四百

六十年間會一無衣之人欲爲魔事又說偈曰

高嶺逢人又脫衣　小蛇雖毒不能爲
可中井底看天近　小小沙彌善大機

復曰汝記斯言將驗小難黑衣童子必善釋之尊者又問曰此後復有難乎曰吾滅後方

六百年不生之樹當作留難然雖難興二人出現乃自寧靜又說偈曰

大浪雖高不足知　百年凡樹長乾枝
一鳥南飛却歸北　二人東往復還西

復曰白衣和尚說法無量若見此讖歸而不嚮又問曰此後復有難乎曰吾滅後二千八

百年間當有四龍起此一難然非爲大也汝宜知之又説偈曰

可憐明月獨當天　四箇龍兒各自遷
東西南北奔波去　日頭平上照無邊

又偈曰

吾此讖詞　臂長脚短　合掌向天　迴頭失伴

身著紅衣　又如素綃　立在目前　還若不見
好好思量　水清月現
尊者又問曰此後復有難乎般若多羅復曰
吾滅後三千年間凡有一十二難其間有九
大難此總以一偈記之偈曰
鳥來上高堂欲興　白雲入地色還清

天上金龍日月明　東陽海水清不清
手捧朱輪重復輕　雖無心眼轉惺惺
不具耳目善觀聽　身體元無空有形
不說姓字但驗名　意尋書卷錯開經
口談恩幸心無情　或去或來身不停

又曰後所有難悉存此一十二句雖復遠記

非汝一世所覩然得眞天眼乃可即見般若多羅既滅尊者禀其言且留本國勉行教化尊者初與比丘號佛大先者俱出於般若多羅之門故二人每以伯仲之禮相遇當是皆盛揚其法時人美之謂開二甘露門方其國有僧曰佛大勝者輙離其所傳爲六宗分化

諸處其一曰有相宗二曰無相宗三曰定慧宗四曰戒行宗五曰無得宗六曰寂靜宗然學者趨之甚多其徒各不下千百尊者常爲其太息曰國雖有是六衆然其道皆非大至微我正之其人安得解脫一旦遂以神通往之初一詣其有相宗所而問之曰一切諸相

何名實相其衆之首曰薩婆羅者荅曰於諸相中不互諸相是名實相又問曰一切諸相而不互者若明實相當何定之荅曰於諸相中實無有定諸相即名爲實又問曰諸相不定即名實相汝今不定當何得之荅曰我言不定不定諸相當説諸相其義不然又問曰

汝言不定當爲實相定不定故即非實相荅
曰定既不定即非實相知我非故不定不變
何名實相已變已往其義亦然荅曰不變當
在不在故故變實相以定其義又問曰實相
不變變即非相於有無中何名實相於是薩
婆羅心即懸解以手指空却問尊者曰此世

有相亦能空故當此身力得似此耶尊者曰若解實相即見非實若了非故其色亦然當於色中不失色體在於非相不礙有故若能是解故名實相次二詰其無相宗所問之曰汝言無相當何證之其衆之首曰波羅提者前而荅曰我名無相心不現故又問曰汝相

不現當何明之荅曰我明無相心不取捨當於明時亦無當者又問曰於諸有無心不取捨又無當者誰明無故荅曰佛入三昧尚無所得何況無相而故知之又問曰相既不知誰云有無尚無所得何名三昧荅曰我說不證證無所證非三昧故我說三昧又問曰非

三昧者當何明之汝既不證非證何證波羅提於是妙悟遽起謝之尊者即爲受記曰汝證果非遠然國有魔興亦汝伏之次三請其定慧宗所而問之曰汝學定慧爲一爲二其衆之首曰婆蘭陀者前而荅曰我此定慧非一非二又問曰汝之定慧既非一二以何目

之名為定慧答曰在定非定處慧非慧一即非一二即不二又問曰當一不一當二不二既非定慧約何定慧答曰不一不二定慧能知非定非慧亦可然矣又問曰慧非定故然可知哉不不不二誰定誰慧波蘭陀即廓然開悟致禮伏膺次四詣其戒行宗所而問之

曰汝以何者爲戒云何名行而此戒行爲一
爲二其衆之首者名亡前而荅曰一二二一皆
彼所生依教無染此名戒行又問曰汝言依
教即是有染一二俱此何言依教此二違背
不及於行内外非明何名爲戒荅曰我有内
外彼以知竟既得通達即是戒行若説違背

俱是俱非言及清淨即戒即行又問曰俱是俱非何言清淨既得通故何談內外其首者即自省其非拜謝稱幸次五請其無得宗所而問之曰汝言無得無得何得既無所得亦無得得其衆之首曰寶淨者前而荅曰我説無得非無得得當説得得無得亦得又問曰

既得不得得亦非得既云得得得何得得荅
曰見得非得非得是得若見不得名爲得得
又問曰得既非得非得無得既無所得當得
何得寶淨於此乃昭然發悟次六詣其寂靜
宗所而問之曰汝以何名寂云何能靜其衆
之首者糺前而荅曰此心不動是名爲寂於

諸無染名之爲靜又問曰本心不寂要假寂寂今已寂故何用寂靜答曰諸法本空以空空故於彼空空故名寂靜又問曰空空以空諸法亦爾寂靜無相何靜何寂其首者義屈遂加敬之自是其六衆皆宗而師之尊者道聲益揚五天學者莫不沛然歸之尋會其國

王曰異見者實前王月淨多羅之子而達磨之姪也輒發邪見毀訾佛法曰我之祖先皆惑於佛法非得其正今我所爲豈宜踵之遂於教大作患難尊者憫之曰孺子忝我宗社乃興惡意此何福家國當爲教之因念前無相宗有二賢者可使往化然一曰波羅提者

道力將充輿王有緣二曰宗勝者雖能辯博而德業未臻方自裁所遣而六衆俄各念曰大師達磨素得聖智今法有難盍救之乎尊者即知乃彈指應之衆皆驚曰此吾大師之信也當共詣之得神通者各攝其衆少頃皆至列禮座下尊者曰今王致難於我雖如一

微塵而起翳佛界然汝等孰能拂之宗勝俄先之曰我雖德寡願往解之尊者曰汝雖辯捷道力未勝恐不能伏王宗勝不奉其言必自往之見王初以真俗二諦與之辨論言皆不屈及王問曰汝今所解其法何在宗勝曰如王治化當合其道王所有道其道何在王

曰我之有道將除邪法汝之有法當伏何物尊者縣知宗勝詞窮謂波羅提曰宗勝不顧吾言今必屈於王汝宜速往助之波羅提奉命以神力疾舉即詣王殿王與宗勝方復證詰遽見波羅提乘雲而至王驚起遂問曰凌虛來者是邪是正波羅提荅曰我非邪正而

來正邪王心若正我無邪正王雖詞屈而很慠未已即擯宗勝於山波羅提謂曰王既有道何斥沙門我雖無解幸王見問王厲聲問曰何者是佛波羅提曰見性是佛王曰師見性耶荅曰我見佛性王曰性在何處荅曰性在作用王曰是何作用我今不見荅曰今現

在用王自不見王曰於我有否答曰王若作用無有不是王若不用體亦難見王曰若當用時幾處出現答曰若現於世當有其八王曰其八出現當爲我說波羅提即說偈曰

在胎爲身　處世爲人　在眼曰見

在耳曰聞　在鼻辨香　在口談論

在手執捉　在足運奔　徧現俱該沙界
收攝在一微塵　識者知是佛性　不識喚作精魂
王悟其說即悔謝前非遂翻然變志從波羅
提求聞法要凡三月奉其討論方宗勝被擯
山中乃自感曰我八十始得正見此二十年
來修行僅至臨難復不能護法雖今百歲何

爲不若死之遂頹然投身於高崖俄有神人擧一長手承之而置於石上其體無損宗勝曰我忝出家不能抑王邪意而護持大法死固宜然何神祐而致此耶幸一言以示其緣神人乃說偈曰

師壽於百歲　八十而造非　爲近至尊故

熏修而入道　雖具少智慧　而多有彼我
所見諸賢等　未嘗生珍敬　二十年功德
其心未恬靜　聰明輕慢故　而致至於此
得王不敬者　乃感果如是　自今不疎怠
不久成奇智　諸聖悉存心　如來亦復爾
宗勝聞神之偈乃自責益欲精修誓終世不

復出山是時王問波羅提曰尊者辯慧如是果師何人波羅提曰我所師出家者即婆羅寺烏沙婆三藏是也其得法出世師者即王叔菩提達磨是也王聞稱達磨遽大駭曰吾叔存耶嘻我不克荷負妄抑聖教累吾尊叔詔即迎之尊者與使者尋至王宮王泣拜不

能起尊者即爲其説法悔過王因遣使馳詔宗勝使者奏曰宗勝恥擯投崖死已久矣王愈憂之以問尊者曰宗勝之死蓋余之咎尊叔何方爲我免罪尊者曰宗勝非死適在巖石宴坐耳汝但往取必得之來使去果見道王已迎達磨之意宗勝辭不奉命尊者知之

謂王曰此未可起必再命乃至尊者辭王却返其所居曰王益宜興福非久恐有疾作尊者去方七日王果感重疾國醫不能治宗戚近臣以達磨所記有驗意其必能救王即遣使懇請尊者復來時宗勝被詔已至波羅提以王之疾亦來問之二沙門因請於尊者曰

王疾已篤生耶死乎大師有何方便爲其救之尊者即離座以手捫王之體謂二沙門曰死則必陷惡趣二沙門曰此何以驗之曰吾適以候五蘊法見之耳二沙門曰大師道力勝異可爲其興何福業得免斯苦尊者即使太子與其權臣大赦囚徒廣放生靈尊者復

命炷香爲懺其罪少頃王疾果損稍辨人事
謂左右曰我適夢一大蟒極長初吐火逼灼
我體尋被一長人以左手持之投於曠地我
即清涼遂得起馳出一鐵門於是遽醒王疾
既平益得其叔當是達磨化導其國已六十
餘載思尋其師之教謀欲東征即以神力往

辭般若多羅塔廟復至宮被告别其王尋知
六衆之徒思欲來别尊者即各就其衆之所
化坐寶蓮皆爲説法以慰安之後謂王曰我
於震旦其緣已稔今東去矣善將汝躬保爾
家國王涕之曰余天何不祐使我尊叔去之
王不能留即爲其治裝載以大舶翌日王躬

帥親戚臣屬送於海壖國人觀之者皆泣下

天竺第二十八祖菩提達磨尊者傳下

菩提達磨之東來也凡三載初至番禺實當梁武普通元年庚子九月之二十一日也或曰普通八年丁未之歲州刺史蕭昂以其事奏傳燈錄諸家舊說並云達磨來梁在普通八年今按史書普通秖至七年唯今王佑

長曆甲子數或有八歲可疑又皆稱蕭昂以
違磨事奏及考昂傳不見其為廣州刺史唯
昂姪蕭勱當時嘗作此州刺史恐昔傳錄者
誤以勱為昂耳前錄圖本者既是非不嫌今
不敢輒削且
存其闕疑也
即詔赴京師其年十一月一日
遂至建業法駕出迎之還宮因詔尊者陪坐
正殿帝乃問曰朕嘗造寺寫經大度僧尼必
有何功德尊者曰無功德帝曰何無功德對

曰此但人天小果有漏之因如影隨形雖有
非實帝曰如何是眞功德對曰淨智妙圓體
自空寂如是功德不以世求帝復問曰如何
是聖諦第一義對曰廓然無聖帝曰對朕者
誰對曰不識帝不悟即罷去尊者知其機緣
不契潛以十九日去梁渡江二十三日北趨

魏境尋至雒邑實當後魏孝明正光之元年也初止嵩山少林寺終日唯面壁默坐衆皆不測其然俗輙以爲壁觀婆羅門僧未幾洛有沙門號神光者其爲人曠達混世世亦以爲不測之人及聞尊者風範尊嚴乃曰至人在兹吾往師之光雖事之盡禮尊者未始與

語光因自感曰昔人求道乃忘其身今我豈有萬分之一其夕會雪大作光立於砌及曉而雪過其膝尊者顧光曰汝立雪中欲求何事神光泣而告曰惟願和尚以大悲智開甘露門廣度我輩尊者謂之曰諸佛無上妙道雖曠劫精勤能行難行能忍難忍尚不得至

豈此微勞小効而輙求大法光聞誨乃潛以刃自斷左臂置之其前尊者復謂光曰諸佛最初求道爲法忘形汝今斷臂吾前求亦可在光復問曰我心未寧乞師與安尊者曰將心來與汝安曰覓心了不可得答曰與汝安心竟光由是有所契悟尊者遂易其名曰慧

可此後學者乃信緇白之衆皆靡然趨於尊者然其聲旣振遂聞於魏朝孝明帝嘗三詔不動帝亦髙之遂就錫二摩納袈裟金銀器物若干尊者皆讓去凡三返帝終授之居魏方九年尊者一旦還謂其徒曰吾西返之時至矣汝輩宜各言所詣時有謂道副者先之

曰如我所見不執文字不離文字而爲道用
尊者曰汝得吾皮有謂尼摠持者曰我今所
解如慶喜見阿閦佛國一見更不再見尊者
曰汝得吾肉有謂道育者曰四大本空五陰
非有而我見處無一法可得言語道斷心行
處滅尊者曰汝得吾骨及慧可者趨前拜已

歸位而立尊者曰汝得吾髓尋命之曰昔如來以大法眼付囑摩訶迦葉而展轉至我我今以付於汝汝宜傳之無使其絕并授汝此僧伽棃寶鉢以為法信唯恐後世以汝於我異域之人不信其師承汝宜持此為驗以定其宗趣然吾逝之後二百年後衣鉢止而不

傳法亦大盛當是知道者多行道者少說理者多悟理者少雖然潛通密證千萬有餘汝勉顯揚勿輕未悟聽吾偈曰

吾本來兹土　傳法救迷情　一花開五葉
結果自然成

復謂慧可曰此有楞伽經四卷者蓋如來極

談法要亦可以與世開示悟入今并付汝然我於此屢爲藥害而不即死之者蓋以茲赤縣神州雖有大乘之氣而未得其應故久默待之今得付受其殆有終既而與其徒即往禹門千聖寺居無何會其城太守楊衒之者其人素喜佛事聞尊者至乃來禮之因問曰

西土五天竺國師承爲祖其道如何尊者曰明佛心宗寸無差悞行解相應名之曰祖又問曰秖此一義爲別有耶答曰須明他心知其古今不厭有無亦非取故不賢不愚無迷無悟若能是解亦名爲祖衕之後曰弟子業在世俗罕遇知識小智所蔽不能見道願師

教之使逞何道果以何心得近佛祖尊者為
之說偈曰

亦不覩惡而生嫌　亦不觀善而勤措
亦不捨愚而近賢　亦不拋迷而就悟
達大道兮過量　通佛心兮出度
不與凡聖同纒　超然名之曰祖

衒之得敎忻然禮之曰願師未即謝世益福群生尊者曰末世其敝惡者滋多我雖乂存恐益致患難增他之罪衒之曰自師至此孰嘗見傷幸示其人即爲辨之尊者曰言之則將有所損吾寧往矣豈忍殘人快已而衒之問之益懇曰非敢損人但欲知之耳尊者不

得已遂說偈曰

江槎分玉浪　管炬開金鎖　五口相共行

九十無彼我

銜之聞偈再拜而去居未幾尊者乃奄然長逝其時，必後魏幼主釗與孝莊帝廢立之際耳是歲乃當梁大通之二年也以其年葬於

熊耳山魏遂以其喪告梁梁之武帝即賵寶
帛悉詔宗子諸王以祭禮而供養之太子為
之文其略曰洪惟聖胄大師荷十力之智印
乘六通而泛海運悲智於梵方拯顛危於華
土其後魏使宋雲者自西域返與達磨相遇
於葱嶺見其獨携隻履翛然而征雲嘗問曰

大師何往尊者曰西天去即謂雲曰汝王已崩雲聞茫然相別及復命明帝果已厭代雲尋以其事聞於後主孝莊帝帝令發其壙視之唯一草履在焉朝廷爲之驚歎尋詔取所遺之履於少林寺掌之至唐開元中爲好事者竊往五臺僧舍後亦亡之初梁武與尊者

遇既機緣不合尋聞其道大顯於魏遂欲碑之尚未暇作及聞宋雲之事益加追慕即成其文其略曰爲玉氎久灰金言未剖誓傳法印化人天竺及乎杖錫來梁說無說法如暗室之揚炬若明月之開雲聲振華夏道邁古今帝后聞名欽若昊天又曰嗟乎見之不見

逢之不逢今之古之悔之恨之朕雖一介凡
夫敢師之於後其爲帝王仰慕之如此也

評曰佛法被震旦四百八十四年至乎達磨
而聖人之教益驗其道益尊故曰菩提達磨
之功德抑又至於摩騰法蘭曰何以然曰教
雖開說者萬端要其所歸一涅槃妙心而已

矣夫妙心者雖衆經必使離乎名字分別而爲之至然而後世未甞有能如此而爲之者及達磨始不用文字不張門户直以是而傳之學者乃得以而頓至是不亦教之益驗乎其心既傳而天下知務正悟言性命者皆推能仁氏之所説爲之至當不亦其道益尊乎

余嘗以是比夫孟子之有德於儒者夫孟子之前儒之教豈無道哉蓋其道藴而未著及軻務尊傳道而儒益尊顯或曰續僧傳以壁觀四行爲達磨之道是乎非耶曰壁觀婆羅門者蓋出於流俗之語也四行之説豈達磨道之極耶夫達磨之徒其最親者慧可也其

次道副道育古今禪者所傳可輩之言皆成書繁然盈天下而四行之云亦未始槩見獨曇琳序之耳然琳於禪者亦素無稱縱曇琳誠得於達磨亦恐祖師當時且隨其機而方便云耳若眞其道則何秖以慧可拜已歸位而立云汝得吾髓此驗四行之言非其道之

極者也夫達磨之道者乃四禪中諸佛如來之禪者也經曰觀如來禪者謂如實入如來地故入内身聖智相三空三種樂行故成辦衆生所作不可思議若壁觀者豈傳佛心印之謂耶然達磨之道至乎隋唐已大著矣爲其傳者自可較其實而筆之安得輒從流俗

而不求聖人之宗斯豈謂善爲傳乎曰傳謂
達磨六被毒藥乃菩提流支之所致然乎曰
此蓋爲寶林傳者未之思也楊衒之堅問祖
師不已而爲其說偈事豈有先明言而後發
識耶爲是説者蓋後世以流支嘗屈論於達
磨意其爲之假令少驗於識亦恐當時黨流

支者竊作昔刺客有為北宗之徒而往害六祖大鑒是豈秀師之意耶方之流支不亦顯乎吾故鄙而不取或曰子謂達磨四祖所見於僧祐三藏記者然祐死於天監之十七年而達磨當普通元年而方至於梁豈有其人未至先為之書耶不然何其年祀相後之相

反乎曰然實祐先爲之書而達磨後至也若達磨者得法化其天竺旣已六十年矣乃東來東來三載方至乎梁是蓋西人傳其事先達磨而至祐之流得以爲書也祐旣承其傳而爲之宜其書前而人後也

傳法正宗記卷第五

契嵩少聞耆宿云嘗見古祖圖引梁寶唱續法記所載達磨至梁當普通元年九月也而寶林傳云在普通八年丁未即其年過魏當明帝太和十年然太和非明帝年號又云達磨滅度亦在明帝太和十九年而

明帝在位秖十二歲即無十九年又以丁未推之即是明帝末年神獸之歲其歲明帝已崩若果以普通八年丁未十二月過魏即達磨在魏九年默坐少林其歲數不登若以普通元年庚子推之即其事稍等今取元年庚子爲準其諸家所見八年丁

未亦不敢即削且兩存之識者詳焉又以譯禪經之年筭達磨此時正年二十七歲其説禪經必在此二十七已前也從此筭來以合諸傳記所謂達磨既出家得法後尚隨侍其師四十餘年又依師所囑且在南天竺行化更六十七年又東來在路三

年及到中國九年方化去恰是其壽一百五十歲如此則諸家所載達磨支竺兩處事跡稍不差也若以普通八年丁未至中國及寶林所載達磨四十年不受國位以待般若多羅而出家卻計其在西隨師四十餘年及到中國已一百五十歲矣其在

魏九年始化却成一百六十餘歲故知其
云四十不受國位及普通八年到梁大差
訛也不可爲準　　約五

傳法正宗記卷第六　約六

藤州東山沙門釋　契嵩　編修

震旦第二十九祖慧可尊者傳

震旦第三十祖僧璨尊者傳

震旦第三十一祖道信尊老傳

震旦第三十二祖弘忍尊者傳

震旦第三十三祖慧能尊者傳

震旦第二十九祖慧可尊者傳

慧可尊者武牢人也姓姬氏母始娠時有異光發其家及生以故名之尊者少習學世書無不閱者尤能言莊老年三十遽自感而歎曰老易世書非極大理乃探佛經遂遠遊求

師至洛陽香山乃從禪師寶靜者出家尋得
戒於永穆寺去務義學未幾而經論皆通三
十二復歸其本師歸八年一夕有神人現謂
尊者曰何久于此汝當得道宜即南之尊者
以神遇遂加其名曰神光次夕其首忽痛殆
不可忍師欲爲灸之俄聞空中有言曰此换

骨非常痛也以告其師即罷不敢治及曉視其元骨果五處峯起其師曰異乎汝必有勝遇行矣無失其時然其爲人曠達有遠量雖有所出人而未嘗輒發混然自隱故久於京洛而世莫之知及會菩提達磨授道易名當爲法師宗學者乃知其有大德競歸如水沛

然趨下一日俄有號居士者年四十許以疾狀趨其前不稱姓名謂尊者曰弟子久嬰業疾欲師爲之懺罪願從所請尊者曰將罪來爲汝懺其人良久曰覓罪不可得曰我與汝懺罪竟然汝宜依止乎佛法僧其人曰適今覩師已知僧矣不識何謂佛法答曰是心是

佛是心是法法佛無二汝知之乎其人遂曰今日乃知罪性不在内外中間如其心然誠佛法無二也尊者器之即爲其釋褐落髮曰此法寶也宜名之僧璨戒後二載乃命之曰昔佛傳大法眼轉至達磨達磨授我我今以付於汝幷其衣鉢汝專傳之無使輙絕聽我

偈曰
本來緣有地　因地種花生　本來無有種
花亦不能生
既而復謂僧璨曰我有夙累在鄴將往償之
然汝後自亦有難甚宜避之璨曰此實我師
聖智先見然顛闇難之所以荅曰斯非獨我

云亦前祖般若多羅讖之耳檠曰何讖荅曰
其所謂後之一百十五年而興者也偈不云
乎心中雖吉外頭凶川下僧房名不中為遇
毒龍生武子忽逢小鼠寂無窮以數計之當
在汝世汝益宜護法及可至鄴下說法人大
化之凡三十四載一旦遷變節游息不復擇

闤或鄽或野雖屠門酒家皆一混之識者或規曰師高流豈宜此爲尊者曰我自調心何關汝事初鄰有僧曰辦和者方聚徒講涅槃經於莞城縣之臣救寺尊者每往其寺門與人演說適會正朝衆大從於可辦和之徒亦爲之遷辦和憤之尋謂其令翟仲侃曰慧可

狂邪頗誑惑人衆此宜治之仲侃聽其言乃
取加之酷刑尊者因是而化時世壽一百七
歲士女哀之共收其遺骸葬於磁州滏陽之
東當隋開皇癸丑之十三年也唐德宗賜諡
曰大祖禪師武德中高僧法琳聞其風嘗爲
碑之其略曰吁嗟彼禪師莫知其所以然唯

法斯在非用書誌則安知其道之尊其爲後賢之所企慕如是也

評曰唐僧傳謂可遭賊斷臂與子書云昌其異乎曰余考法琳碑曰師乃雪立數宵斷臂無顧投地碎身嘗求開示然爲唐傳者與琳同時琳之説與禪著書合而宣反之豈非其

採聽之未至乎故其書不足爲詳

震旦第三十祖僧璨尊者傳

僧璨尊者不知其何許人也初以處士見慧可尊者不稱姓名因問荅即有發悟乃師其出家可祖器之謂得法寶遂爲名之當後周之時乃受戒於光福寺戒後歸其師復二載

乃得授法可祖嘗規曰後必有難汝當遠引避之尊者從其言遂去隱於舒之峴公山（今所謂山谷山寺者）九三十餘年其迹寖顯學者知求其道隋開皇間乃有沙彌曰道信者一旦來禮其座下問之曰乞大師發我解脫法門尊者曰誰縛汝曰無人縛又曰既無人縛汝即是

解脫何須更求解脫道信即悟乃願以弟子禮事之久之信往求戒於廬陵既還尊者曰汝已戒道亦備矣吾即往之昔如來大法眼藏今以付汝并其衣鉢汝皆將之聽吾偈曰

花種雖因地　從地種花生　若無人下種
花地盡無生

復曰汝善傳之無使其絕吾往游羅浮非久乃還更二載遂復山谷月餘會州人與其說法已而立化於大樹之下當隋大業丙寅之二年也是時隋室方亂未遑塔之至唐天寶五載會趙郡李常移官於舒乃發壙焚之得舍利立窣堵波於其化所初璨尊者以風

疾出家及居山谷疾雖愈而其元無復黑髮故舒人號爲赤頭璨然其奇見異德誠不測人也先是其所居頗多蛇獸爲害及尊者至皆絕一日有神光遽發其寺甘露泫於山林時人怪之以而相問尊者曰此佛法將興舍利欲至之先兆耳其後京國大獲舍利遂頒

天下果置塔於山谷寺其感効皆此類也唐明皇謚曰鑒智禪師塔曰覺寂其後宰相房琯爲其碑序之甚詳

評曰粲尊者初雖不自道其姓族鄉邑後之於世復三十餘載豈絶口而不略云乎此可疑也曰余視房碑曰大師嘗謂道信云有人

借問勿道於我處得法此明尊者自絕之甚也至人以物迹爲大道之累乃忘其心今正法之宗猶欲遺之況其姓族鄉國俗間之事肯以爲意耶

震旦第三十一祖道信尊者傳

道信尊者其先本居河内後遷於蘄陽之廣

齊縣信生遂爲蘄人也姓司馬氏隋開皇壬
子之十二載以沙彌叅見僧璨尊者即問荅
悟道遂北面師之九九年乃得其付法授衣
隋大業間尊者嘗南游至廬陵會賊黨曹武
衛以兵圍其城七旬不解尊者因勸城中人
皆念摩般若波羅蜜賊黨俄見城堞之上有

人不翅千數皆長丈許其介冑金色赫赫曜日賊輩大駭相謂曰是城必有大福德人不可攻也即日引去至唐武德七年復北趨乃居蘄之破頭山（今所謂雙峯山者也）大揚其所得之法四方學士歸之猶日中趨市正觀中太宗聞其風嘗三詔尊者皆辭不起又詔太宗謂使

臣曰今復不從吾命即取首來詔至果道上意尊者即引頸待刃使者還以此奏之太宗嘉其堅正慰諭甚盛至是尊者居山已二十載矣一日往黃梅縣途中遂見一兒好骨目可七歲許心奇之因問曰爾何姓對曰姓即有非常姓曰是何姓對曰是佛姓曰汝沒姓

耶對曰其姓空故尊者即顧從者曰此兒非凡之器後當大興佛事遂使持見其父母道兒應對之異欲命之出家父母從之兒偕僧既還尊者即為剃度名之曰弘忍其後乃命曰昔如來傳正法眼轉至於我我今付汝幷前祖信衣鉢汝皆將之勉其傳授無使斷絕

聽吾偈曰

花種有生性　因地花生生　大緣與信合

當生生不生

復謂忍曰我昔武德中嘗遊廬阜昇其絕頂見此破頭山其上有紫雲如蓋下發白氣橫分六道汝以爲何瑞忍曰是必和尚已後橫

出一枝佛法之先兆也尊者曰善哉汝能知之已而沐浴宴坐而化世壽七十有二是時實永徽二年辛亥九月四日也葬後三載其塔户一日忽然自開而尊者眞體儼然若生大曆中代宗賜謚曰大醫禪師塔曰慈雲

震旦第三十二祖弘忍尊者傳

弘忍尊者蘄陽黃梅人也姓周氏其母孕時數數有祥光異香發其家及生性大聰明有所聞見無難易者一皆曉之風骨絶異有聖人之相有賢者嘗見忍於閭巷謂人曰此兒具大人相所不及如來者七種耳七歲遇道信尊者出家得戒尋受其法繼居於破頭山

而教化益盛是時天下慕其風學者不遠千里趨之咸亨中客有號盧居士者自稱慧能來法會致禮其前尊者問曰汝自何來對曰嶺南來曰欲求何事對曰唯求作佛曰嶺南人無佛性若爲得佛對曰人有南北佛性豈然尊者知其異人佯訶之曰著槽廠去慧能

即退求㲉碓所盡力於臼杵間雖歷日月而未嘗告勞一日尊者以傳法時至乃謂其衆曰正法難解汝等宜各爲一偈以明汝見若眞有所至吾即付衣法時神秀比丘者號有博學衆方尊爲冠首莫敢先之者神秀自以爲衆所推一夕遂作偈書於寺廊之壁曰

身是菩提樹　心如明鏡臺　時時勤拂拭
莫使惹塵埃
尊者見賞之曰後世若依此修行亦得勝果
勉衆誦之慧能適聞乃問其誦者曰此誰所
爲曰此神秀上座之偈大師善之當得付法
汝豈知乎能曰此言雖善而未了其流輩皆

笑以能爲妄言能尋作偈和之其夕假筆於童子並秀偈而書之曰

菩提本無樹　明鏡亦非臺　本來無一物

何處有塵埃

及尊者見之默許不即顯稱恐嫉者相害乃佯抑之曰此誰所作亦未見性衆因是皆不

顧能言中夜尊者遂潛命慧能入室而告曰諸佛出世唯爲一大事因緣以其機器有大小遂從而導之故有三乘十地頓漸衆説爲之教門獨以無上微妙眞實正法眼藏初付上首摩訶迦葉其後迭傳歷二十八世至乎達磨祖師乃以東來東之益傳適至於我我

今以是大法并其所受前祖僧伽梨衣寶鉢
皆付於汝汝善保之無使法絕聽吾偈曰
有情來下種　因地果還生　無情既無種
無情亦無生
慧能居士既受法與其衣鉢作禮問曰法則
聞命衣鉢復傳授乎尊者曰昔達磨以來自

異域雖傳法於二祖恐世未信其所師承故以衣鉢為驗今我宗天下聞之莫不信者則此衣鉢可止於汝然正法自汝益廣若必傳其衣恐起諍端故曰受衣之人命若懸絲汝即行矣汝宜且隱晦時而後化慧能復問曰今某當往何所尊者曰逢懷即止遇會且藏

慧能稟教即夕去之此後尊者三日不復說法其衆皆疑因共請之尊者曰吾法已南行矣斯復何言衆復曰何人得之荅曰能者得之衆乃悟盧居士傳其法也追之而慧能已亡此後四載尊者一日忽謂衆曰吾事已畢可以行矣即入室宴坐而滅實上元二年乙

亥歲也其世壽七十有四四衆建浮圖於黃梅之東山代宗謚號曰大滿禪師塔曰法雨

震旦第三十三祖慧能尊者傳

慧能尊者姓盧氏其先本籍范陽父行瑫武德中謫官新州乃生能遂爲新興人也方三歲而父喪母不復適人獨養尊者以終其身

然其家貧，母子殆不能自存。尊者遂鬻薪爲資。一日至市逆旅，聞客有誦經者，輒問其人曰：此何經耶？客曰：金剛經也。曰：君得之於何人？客曰：今第五祖弘忍大師出世於黃梅縣，嘗謂人曰：若持此經，得速見性。我故誦之。尊者喜之，爲母備其歲儲，因告往求法。去之至韶陽會居士劉志略者引尊者爲善友初志略有姑爲尼號無盡藏者方讀涅槃經爲業尊者往聽其經未幾欲爲尼釋之尼即推經於尊者尊者曰汝讀我不識文字尼曰字猶不識安解其義尊者曰諸佛妙理豈在文字尼異其語知必非常人遂以告其鄉里鄉人

德之尋治寶林蘭若請尊者居之居未幾忽自感曰我始爲法尋師何久滯此即去寶林稍進至韶之樂昌縣會高行沙門智遠尊者且依其處才十數朝智遠謂尊者曰觀子知識非凡者趣嚮吾道固不足相資黃梅忍禪師方當大法祖宜汝師也汝速詣之若得道

南還無相忘也尊者遂北征是時年已三十有二及至東山忍祖默識其法器祕示以言試之終乃付大法眼及尊者得法南歸而東山先進之徒皆不甘相與追之有曰慧明者相及於庾嶺尊者即置其衣鉢於盤石而自亡草間慧明舉其衣鉢不能動乃呼曰我以

法來非爲衣鉢法兄盡出之遂相見慧明與之語慧明即悟致師禮於尊者而返乃紿其後之追者曰其去已遠矣尊者之南還也晦迹於四會懷集之間混一流俗雖四載而莫有知者儀鳳元年之春乃抵南海息肩於法性寺會法師印宗於其寺講涅槃經物尊者

寄室於廊廡間一夕風起刹幡飛揚俄有二僧室外議論一曰風動一曰幡動其問荅如此者甚多皆非得理尊者聞輒出謂二僧曰可容俗士與議乎僧曰請聞子說尊者乃曰不是風動不是幡動仁者心動二僧翌日以其言告印宗印宗異之即引入室窮詰其義

尊者一以大理語之印宗於是益伏謂尊者
曰居士誠非凡人師誰其何自而得道勿隱
辈以相示尊者即以其得法本末告之印宗
甚辈所遇即執弟子禮請學其法要遂謂其
衆曰此盧居士者乃肉身菩薩也印宗一介
凡夫豈意得與其會擇日乃會耆德比丘與

之釋褐落髮又擇日嚴其寺戒壇命律師智光爲受具戒其壇蓋宋時求那跋摩三藏之經始也初跋摩記曰後當有肉身菩薩於此受戒及梁末眞諦三藏臨其壇手植二菩提樹亦記之曰後第四代當有上乘菩薩於此受戒其說法度人無量戒已衆即請尊者開

演東山法門然跋摩眞諦雖素號爲得果聖士至此其人始驗明年尊者思返寶林精舍乃欲別衆即往印宗與道俗千餘人送之韶陽未幾韶之刺史韋據命居其州之大梵寺說法其時玄儒之士趨而問道者甚衆猶孔氏之在洙泗也其徒即集其說目曰壇經然

其平居衆亦不下千數中宗聞其風神龍中
乃下詔曰朕延安秀二師問道於宮中皆推
曰南方有能禪師者躬受衣法於忍大師可
當此問今遣内供奉薛簡馳詔命師宜念之
來副朕意尊者即上書稱疾不起薛簡因問
尊者曰京國禪者每謂欲得會道必須坐禪

非因禪定而得解脫未之有也此言何如尊者曰道由心悟豈在坐耶經云若言如來若來若去若坐若卧是人不解我所說義何以故如來者無所從來亦無所去故名如來夫無所從來故不生亦無所去故不滅若無生滅即是如來清淨之禪諸法空寂即是如來

清淨之坐究竟無得亦無所證何必坐耶薛簡曰簡歸皇帝必有顧問願大師示教法要庶得對敭然布諸京國使學者脩之猶以一燈而燃百千燈庶其冥者皆明而明終不盡尊者曰道無明暗明暗是代謝之義明明無盡亦是有盡蓋相待而立名故經云法無有

比無相待故薛簡曰明譬智慧暗譬煩惱修道之人苟不以智慧而照破煩惱則無始生死何由而出離尊者曰若以智慧照煩惱者此是二乘小兒羊鹿等機上智大器皆不如是薛簡曰何謂大乘見解尊者曰明與無明其性無二無二之性即是實性實性者處凡

愚而不滅在賢聖而不增住煩惱而不亂居
禪定而不寂不斷不常不來不去不在中間
及其內外不生不滅性相如如常住不遷名
之曰道薛簡曰大師所說不生不滅與夫外
道之言何嘗異乎尊者曰外道之說不生不
滅者蓋將滅止生以生顯滅滅猶不滅生說

無生我說不生不滅者本自無生今亦無滅豈可同於外道乎仁者欲明心要但一切善惡都莫思量自然得入心體湛然常寂妙用恒沙薛簡由是發悟再拜而去歸朝果以其言奏天子嘉之復詔慰謝錫衲衣寶帛各有差勑改寶林爲中興寺明年命韶州刺史新

之復改爲法泉寺以其新州舊居爲國恩寺
尊者每謂衆曰諸善知識汝等各各淨心聽
吾說法汝等諸人自心是佛更莫狐疑外無
一法而能建立皆是自心生萬種法故經云
心生則種種法生心滅則種種法滅若欲成
就種智須達一相三昧一行三昧若於一切

處而不住相於彼相中不生憎愛不取不捨
不念利益成壞等事安隱清淨此名一相三
昧若一切處行住坐卧純一直心不動道場
使成淨土此名一行三昧若人具二三昧如
地有種能含藏長養成就其實一相一行亦
復如是我今說法猶如時雨溥潤大地汝等

佛性譬諸種子遇此霑洽悉得發生取吾語者決得菩提依吾行者定證佛果至先天元年一日忽謂衆曰吾忝於忍大師處受其法要幷之衣鉢今雖說法而不傳衣鉢者蓋以汝等信心成熟無有疑者故不傳之聽吾偈曰

心地含諸種　普雨悉皆生　頓悟華情已
菩提果自成
復曰其法無二其心亦然其道清淨亦無諸
相汝等慎勿觀淨及空其心此心本淨無可
取捨各自努力隨緣好去尊者說法度人至
是已四十載先此嘗命建浮圖於新州國恩

寺及其年之六月六日復促其倍工疾成然國恩寺葢其家之舊址也爲塔之意乃欲報其父母之德耳先天二年七月一日謂門人曰吾將返新州汝輩宜理舟檝其時大衆皆哀慕請留尊者曰諸佛出現猶示涅槃有來必去理之常耳吾此形骸歸必有所衆乃問

曰師從此去早晚却迴曰葉落歸根來時無口又問曰師之法眼付授何人曰有道者得無心者通又問曰師之遺教頗有難乎曰吾滅之後方五六年必有一人來取吾首聽我偈曰

頭上養親　口裏須飡　遇滿之難　楊柳爲官

又曰吾往七十年有二菩薩之人自東方來其一出家其一在家共隆教化治我伽藍扶我宗旨已而即往新州尋於國恩寺沐浴訖安坐而化異香酷烈白虹屬地其時實先天二年癸丑八月之二日也當是新韶二郡各務建塔爭迎其眞體久不能決刺史乃與二

郡之人焚香祝之曰香煙所向即得舉去俄而香煙倏發北趣韶境韶人乃得以十一月十三日歸塔於曹侯溪之濱今南華寺是也其世壽七十有六前刺史韋據碑之始尊者入塔時徒屬思其言將有人取吾首者遂以鐵鍱固護其項開元十年八月三日其夕之

半夜聞塔間有若拽鐵索之聲主塔者驚起遽見一人狀類孝子此當日見一人著縗絰而混言類孝子者蓋順乎祖師隱語之意耳自塔馳出尋視之其鐵鍱護頸已有痕迹遂以賊事聞其州邑官嚴捕之他日於邑之石角村果得其賊吏鞫問賊自稱姓張名淨滿本汝州梁縣人適於洪州開元寺

受新羅國僧金大悲者雇令取祖之首歸其國以事之吏欲以法坐之刺史以其情不惡乃問尊者弟子令瑫禪師令瑫復以佛法論欲吏原之刺史善瑫之意亦從而恕之當其時州刺史曰柳無忝縣令曰楊侃賊曰張淨滿驗其讖語無少差謬上元中肅宗慕尊者

之道嘗詔取其所傳衣鉢就內瞻禮肅宗崩
代宗嗣位永泰元年五月之五日遂夢尊者
請還其衣鉢天子益敬其法七日即詔使臣
持還曹溪憲宗錫謚曰大鑒禪師塔曰元和
靈照初大鑒示爲負薪之役混一凡輩自謂
不識文字及其以道稍顯雖三藏教文俗間

書傳引於言論一一若素練習發演聖道解釋經義其無礙大辯灝若江海人不能得其涯涘昔唐相始興公張九齡方爲童其家人携拜大鑒大鑒撫其頂曰此奇童也必爲國器其先知遠見皆若此類孰謂其不識世俗文字乎識者曰此非不識文字也示不識耳

正以其道非世俗文字語言之所及蓋有所表也然正法東傳自大鑒益廣承之者皆卓犖大士散布四海其道德利人人至于今賴之詳此豈眞樵者而初學道乎是乃聖人降迹示出於微者也其等覺乎妙覺耶不可得而必知

評曰聖人之法一也安用南北而分其宗乎
曰然一國所歸有岐路焉不分何正一姓所
出有的庶焉不分孰親傳者宋高僧傳也以方三
力士共射一堅洛义一曰摩健那雖中而不
破二曰鉢羅塞建提破而不度三曰那羅延
箭度而復穿他物非堅洛义有強弱蓋射勢

之不同耳南能可謂那羅延躬而獲賞其喻
近之矣

傳法正宗記卷第六　　約六